UTB 3398

W0280885

Eine Arbeitsgemeinschaft der Verlage

Böhlau Verlag · Köln · Weimar · Wien
Verlag Barbara Budrich · Opladen · Farmington Hills
facultas.wuv · Wien
Wilhelm Fink · München
A. Francke Verlag · Tübingen und Basel
Haupt Verlag · Bern · Stuttgart · Wien
Julius Klinkhardt Verlagsbuchhandlung · Bad Heilbrunn
Lucius & Lucius Verlagsgesellschaft · Stuttgart
Mohr Siebeck · Tübingen
Orell Füssli Verlag · Zürich
Ernst Reinhardt Verlag · München · Basel
Ferdinand Schöningh · Paderborn · München · Wien · Zürich
Eugen Ulmer Verlag · Stuttgart
UVK Verlagsgesellschaft · Konstanz
Vandenhoeck & Ruprecht · Göttingen
vdf Hochschulverlag AG an der ETH Zürich

UTB Profile

Christoph Jürgensen / Ingo Irsigler

Sturm und Drang

Vandenhoeck & Ruprecht

Christoph Jürgensen ist Wissenschaftlicher Mitarbeiter an der Universität Göttingen im Projekt „Geschichtslyrik“ der „Arbeitsgruppe zur Poetik lyrischer Literatur (Leitung Prof. Dr. Dr. h.c. Heinrich Detering).

Ingo Irsigler ist Wissenschaftlicher Mitarbeiter am Institut für Neuere Deutsche Literatur und Medien der Universität Kiel.

Bibliografische Information der Deutschen Nationalbibliothek

Die Deutsche Nationalbibliothek verzeichnet diese Publikation in der Deutschen Nationalbibliografie; detailliertere bibliografische Daten sind im Internet über http: //dnb.d-nb.de abrufbar.

ISBN der elektronischen Ausgabe: 978-3-8385-3398-8
ISBN der gedruckten Ausgabe: 978-3-8252-3398-3

Reihenkonzept und Umschlagentwurf: Alexandra Brand
Umschlagumsetzung: Atelier Reichert, Stuttgart
Satz: Ruhrstadt Medien, Castrop-Rauxel
Druck und Bindung: Hubert & Co, Göttingen

Inhalt

Einleitung 7

Sturm und Drang im Profil

1 Begriffsgeschichte, Gruppenbildungen und Literaturpolitik . . 11
2 „Lernt: Die Natur schreib in das Herz sein Gesetz ihm“: Ästhetik und Poetik 23
3 Die Lyrik des jungen Goethe 37
4 „Stürzt, Paläste! Stürze, Tyrann!“: Lyrik als Medium der Kritik 51
5 Goethes Briefroman *Die Leiden des jungen Werthers* (1774) . . . 61
6 Der große Mann als Modernisierungsverlierer: Goethes *Götz von Berlichingen mit der eisernen Hand* (1773) . . 72
7 Lenz oder die Geburt des Milieudramas aus dem Geiste des Sturm und Drang 83
8 Der Bruderkonflikt im Drama des Sturm und Drang 94
9 Summe, Nachhall, Überbietung – Schillers *Die Räuber* (1781) 106

Serviceteil

Literatur 117

Einleitung

„Entfernt von aller Wohnung, ja von allem betretenen Fußpfad", erinnert sich Goethe in seiner Autobiographie *Dichtung und Wahrheit* an eine fern zurückliegende ‚Jugendsünde', „fanden sie es hier ganz unverfänglich, die Kleider abzuwerfen und sich kühnlich den schäumenden Stromwellen entgegen zu setzen; dies geschah freilich nicht ohne Geschrei, nicht ohne ein wildes, teils von der Kühlung, teils von dem Behagen aufgeregtes Lustjauchzen [...]." ‚Sie', das sind die Brüder Stolberg, mit denen der europaweit berühmte Verfasser des *Götz* und der *Leiden des jungen Werthers* im Jahr 1775 eine Reise in die Schweiz unternahm, angetreten in ‚Werther-Tracht', in blauem Rock mit gelber Weste, gelben Hosen und runden grauen Hüten, um den Zwängen der Gesellschaft und unglücklichen Liebschaften zu entkommen. Und Goethe? „Ich selbst will nicht leugnen, daß ich mich im klaren See mit meinen Gesellen vereinte." Das ausgelassene Nacktbaden konnte allerdings nicht lange genossen werden, denn bald mussten sie „aus dem oberen stummen Gebüsch herab Steinwurf auf Steinwurf erfahren". (HA, Bd. 10, S. 153f.)

Eine kleine, unbedeutend erscheinende Szenerie nur, und doch veranschaulicht sie, wofür die Protagonisten des Sturm und Drang standen, die in dem Jahrzehnt zwischen 1770 und 1780 die deutsche Literatur ‚revolutionierten': Denn sichtbar wird in ihr zunächst die grundsätzliche Bedeutung des Freundschaftskults, das Bewusstsein für Gruppenbindungen, ohne die sich der Sturm und Drang nicht verstehen lässt. Zudem illustriert sie beispielhaft die Selbstdarstellung der Stürmer und Dränger als ‚Popstars' *avant la lettre*, als junge avantgardistische Autorengeneration, die gegen die Konventionen der Gesellschaft verstoßen, d.h. sich emanzipieren will von dem bürgerlichen Bändigungszwang und ihre Individualität bzw. ‚Natur' ausleben will. Damit inszenieren sie sich hier, wenn man so will, als derjenige Künstler- und Menschentyp, von dem ihre Dramen und Gedichte immer wieder handeln: als ‚Kraft'- oder ‚Originalgenies', die ihre Leidenschaften frei entfalten und von innen heraus leben können, die Ausdruck nicht der Kultur, sondern der Natur sind. Und bezeichnenderweise lebt sich die Natur der Stürmer und Dränger hier nicht in irgendeiner Landschaft aus, sondern in den erhabenen Gebirgen der Schweiz, die im 18. Jahrhundert, namentlich dank Albrecht von Hallers Gedicht *Die Alpen* (1732) und Salomon Gessners *Idyllen* (1756) geradezu zum „Natur-Park der Kultivierten" (Adolf Muschg), zu einem neuen Arkadien avanciert war. Schließlich präsentiert die Szene mit Goethe *die* Zentralgestalt des Sturm und Drang. Goethe war zum einen verbindendes Glied der verschiedenen Autoren-Zirkel in Straßburg, Frankfurt und Darmstadt und er veröffentlichte zum anderen die sowohl zeitgenössisch resonanzträchtigsten als auch am nachhaltigsten wirkenden Texte der Strömung (wie den schon genannten *Werther* oder den *Götz*). Alles in allem hat er die literarische Öffentlichkeit seiner Zeit in einer Weise geprägt, dass sie in Literaturgeschichten häufig nach ihm benannt ist: als ‚Goethezeit'. Ausgehen kann man übrigens davon, dass der Geheime Rat Goethe sich in der Erinnerung zwar, um im Bild zu bleiben, eher in die Kulisse als den Vordergrund der Bühne stellt, als würde er dem „dichterischen Tumult" nüchtern zuschauen. Tatsächlich aber wird er mittendrin statt nur dabei gewesen sein, denn Friedrich Leopold Graf zu Stolberg erinnert ihn als einen „wilde[n], unbändige[n,] aber sehr gute[n] Jungen". Außerdem war er ja trotz eines überlieferten Unbehagens an dieser Inszenierung der Identität von Leben und Werk wie seine Begleiter werbewirksam im Werther-Habit gereist und so offensichtlich maßgeblich und bewusst beteiligt an der Präsentation der Gruppe als ‚Junge Wilde' der Literatur.

Unsere Szene fängt den Sturm und Drang auf seinem ästhetischen wie konjunkturellen Höhepunkt ein, aber sie ist eine Momentaufnahme, sozusagen ein Schnappschuss aus dem ‚kurzen Sommer der Anarchie'. Im wohl produktivsten Jahr 1776 erschienen noch einige poetisch hochrangige und thematisch innovative Dramen wie Lenz' *Die Soldaten*, Klingers *Die Zwillinge* oder Wagners *Die Kindermörderin*, doch danach läuft die Strömung schnell aus – auch in Folge von Goethes Übersiedelung nach Weimar Ende 1775 und seinem Dienstantritt als Geheimer Legationsrat. Mit diesem Umzug bricht die bindende Gruppenkultur weg und die Versuche von Klinger und Lenz, ebenfalls in Weimar Fuß zu fassen, enden jeweils im Fiasko, im Zerwürfnis mit Goethe: Der Rollenwechsel Goethes vom autonomen Dichter zum dichtenden Staatsbeamten ließ ihn nicht länger an individuellen Dichterfreundschaften im Zeichen des Geniekults interessiert sein. Lenz, Gerstenberg und Maler Müller verstummen literarisch, Wagner stirbt früh an Lungentuberkulose und Schubart sitzt seit 1777 auf der Bergfestung Asperg in Haft. Kurzum: Wenige Jahre nach ihrem viel versprechenden Anfang ist die ‚Bewegung' schon wieder zu Ende.

War der Sturm und Drang also ein sehr kurzlebiges Phänomen, so ist damit nicht gesagt, dass er nur eine geringe Bedeutung für die deutsche Literatur- und Kulturgeschichte hatte. Das Gegenteil ist der Fall: Mit ihm unternahm die deutsche Literatur gleichsam ihren Aufbruch in die Moderne. Nachhaltig gewirkt hat in diesem Sinne sowohl das neue Konzept von Autorschaft, das die ‚Stürmer und Dränger' propagierten, als auch das neue Verständnis von Natur, Gefühl und Sexualität sowie die Entdeckung der Nachtseite der Vernunft, die Aufwertung des Irrationalen, das die Aufklärung aus ihrem Menschenbild noch ausgeschlossen hatte. Und insgesamt nimmt der Sturm und Drang maßgeblich Teil an den gesellschaftlichen Umwälzungen in der ‚Sattelzeit' (Reinhart Koselleck), in der das gesellschaftliche wie politische Denken eine tiefgreifende Veränderung erfuhr und Begriffe wie Staat, Republik und Bürger ihre heutige Bedeutung aufgeprägt bekamen.

Das Buch will das Profil dieser literarischen Strömung in klar erkennbaren Umrissen nachzeichnen. Dazu ist eine Beschränkung auf eine Auswahl der wichtigsten Autoren und Werke notwendig, an denen sich die Eigenarten des Sturm und Drang exemplarisch verdeutlichen lassen. Ausgehend von einer kurzen Begriffsgeschichte sowie einer Skizze der sozial-, geistes- und literaturgeschichtlichen Rahmenbedingungen, in denen sich der Sturm und Drang entwickelte, sollen daher die zentralen Gattungen anhand der in Schule wie Studium immer wieder behandelten Texte erläutert werden. Die eigene Lektüre soll und kann durch diese Einführung natürlich nicht ersetzt werden, aber sie will das Verständnis durch den Hinweis auf zentrale Charakteristika, auf formale Strukturen und thematische Schwerpunkte des Sturm und Drang erleichtern.

Sturm und Drang im Profil

1 Begriffsgeschichte, Gruppenbildungen und Literaturpolitik

Die beiden Einzelbegriffe ‚Sturm' und ‚Drang' lassen sich schon seit Beginn der 1770er Jahre als Ausdruck der inneren wie äußeren Aufbruchsstimmung der jungen ‚Literaturrevolutionäre' nachweisen. Die Karriere der Formel ‚Sturm und Drang' begann aber erst mit einem Drama Friedrich Maximilian Klingers. Klinger hielt sich im Oktober 1776 in Weimar auf und arbeitete an einem Stück, das ursprünglich – übrigens durchaus seine Struktur treffend – Der Wirrwarr *heißen sollte. Dann allerdings, erinnert sich Klinger in einem späten Brief an Goethe vom 26. Mai 1814, ‚drängte' der durchreisende Christoph Kaufmann (1753–1795) ihm den alternativen Titel* Sturm und Drang *geradezu „mit Gewalt" auf – und die literarische Öffentlichkeit hatte nun ein Schlagwort für den ‚Kampf' um die richtige Lebens- und Schreibhaltung.*

Eine kurze Begriffsgeschichte

Bezeichnend ist Heinrich Leopold Wagners Verteidigung seines ‚Verbündeten' Klinger kurz nach der wenig erfolgreichen Aufführung des Stücks in Frankfurt:

> Wie heißt das Stück? Fragte fast jedermann, als es verwichnen Sonnabend angekündigt wurde: *Sturm und Drang!* – Sturm und – –? Und *Drang!* Mit dem weichen *D* und hinten ein g; ja nicht mit dem harten *T* oder dem ck! So, so! Sturm und Drang also! – […] wenn sie beym Titel nichts fühlen, kann ihnen das Stück selbst unmöglich behagen. Ich finde es sehr lobenswürdig, daß er diese abstrakte, metaphysische – gewiß nicht zu viel anziehende – Ueberschrift

> gewählt hat; [...] wer die drey Worte anstaunt, als wären sie chinesisch oder malabarisch, der hat hier nichts zu erwarten, mag immerhin ein alltägliches Gericht sich auftischen lassen. (Heinrich Leopold Wagner: *Briefe, die Seylerische Schauspielergesellschaft betreffend*, 1777. Zit. nach Klinger 1970, S. 78).

Aber die Formel diente in der Folge, wie angedeutet, nicht nur zur apologetischen Auf-, sondern auch vielfach zur polemischen Abwertung des ‚literaturrevolutionären' Programms und seiner Autoren. Um nur zwei Beispiele aus der langen Reihe abschätziger Verwendungen herauszugreifen: So findet sich in Friedrich Traugott Hases Roman *Geschichte eines Genies* (1780) die spöttische, den Akzent vom Ästhetischen auf das Psychologische verschiebende Bemerkung über eine Protagonistin: „Es war daher so viel Sturm und Drang in ihr (und das mag ein mitleidenswürdiger Zustand seyn, denn wer bejammert nicht den Mann, der diese Verfassung der Seele öffentlich hat kund werden lassen?), daß sie im Grunde nicht wußte, was sie that." Wie ein triumphierender Abgesang auf die Strömung klingt dann die Notiz in der *Nürnbergischen gelehrten Zeitung* vom 29. Juni 1781: „Die Steckenpferde der Empfindsamkeit, des Sturms und Drangs sind, Gottlob! jezt größtentheils von den Büchermachern so steif und lahm geritten, daß man selten mehr, als Knaben oder Kranke, damit auf die Leipziger Buchmesse traben sieht."

Ablesen lässt sich diesen Belegen, dass die Wortverbindung ‚Sturm und Drang' bereits Ende der 1770er Jahre als Formel etabliert war, „mit deren Hilfe der Anspruch der jungen Sturm-und-Drang-Autoren auf Originalität und Genialität als ästhetisch inakzeptabel zurückgewiesen und psychologisierend als Entwicklungsstufe abgewertet wurde" (Luserke, S. 33; dort finden sich weitere Belegstellen).

Als literaturgeschichtlicher Periodisierungsbegriff setzte sich die Formel allerdings erst später durch, und zwar erstens, weil die Autoren und ihre Zeitgenossen kein Bewusstsein davon hatten, eine zusammenhängende ‚Epoche' zu bilden, und zweitens, weil solche Periodisierungen grundsätzlich Ex-post-Konstruktionen sind, d.h.: Epochen sind theoretische Konstrukte der Literaturgeschichte, Ergebnis von Periodisierungshypothesen, und gerade keine Entitäten – es *gibt* eine Epoche nicht, wie es die Stadt Straßburg gibt. Um nur die wichtigsten Stationen dieser Entwicklung in unserem Fall zu nennen: Die Umwidmung der Formel zu einer literarhistorischen Kategorie begann damit, dass August Wilhelm Schlegel im dritten Teil seiner Berliner *Vorlesungen über schöne Literatur und Kunst* (1801–1804) die „herrlichen Anlagen" von Maler Müllers Faust-Fragment lobte, aber monierte, dass diese Anlagen durch „die üblen Manieren der damaligen Sturm- und Drang-Periode entstellt werden". Mit mehr Sympathie blickt Ludwig Tieck dann in seinem Essay *Goethe und seine Zeit* (1828) auf diese „fast wunderbaren Jahre" und bedauert, dass den „neueren Kritikern und Erzählern [...] fast nur der stehende Beiname der Sturm- und Drangperiode im Gedächtniß geblieben" sei. Und der endgültige Durchbruch der Formel zur literaturgeschichtlichen Epochenbezeichnung erfolgte dann 1869 mit Hermann Hettners *Literaturgeschichte des achtzehnten Jahrhunderts*, deren dritter Band *Das klassische Zeitalter der deutschen Literatur* einen Abschnitt zur „Sturm- und Drangperiode" aufweist.

Gruppenbildung und Literaturpolitik

Zwar besaß der Sturm und Drang kein Zentrum, mit dem er dauerhaft verbunden war, wie zuvor die Berliner oder Züricher Aufklärung oder später die Weimarer Klassik. Aber entscheidend für seine Entwicklung war die Bildung lockerer, jeweils nur kurz bestehender Zirkel gleichgesinnter Autoren in Straßburg, Frankfurt, Darmstadt und Göttingen, die sich mündlich und brieflich über Literatur austauschten, gemeinsam auf Reisen gingen und vor allem gemeinsame ästhetische Positionen entwickelten und literarische bzw. literaturpolitische Feindschaften über die Stadtgrenzen hinaus pflegten. Etwas zugespitzt lässt sich die Bewegung daher geradezu als „Resultat einer Gruppenbildung" (Sauder) bezeichnen. Aber warum waren diese Gruppenbildungen so wichtig für die Jungen Wilden, warum diese literarische Bündnispolitik? Prinzipiell lässt sich das literarische Feld mit dem französischen Soziologen Pierre Bourdieu als „Kampfplatz" verstehen, auf dem nach spezifischen Regeln darum gestritten wird, welches die ästhetischen und moralischen Kategorien zur Beurteilung von Literatur sind, und mehr noch: was überhaupt unter ‚Literatur' zu verstehen ist und wer die Definitionsmacht über diesen Begriff hat. Dementsprechend herrscht eine große Konkurrenz von Akteuren und Gruppen auf diesem Feld, die jeweils deutlich machen müssen, wie sich ihr Angebot von anderen Angeboten unterscheidet und warum es besser ist. Wie für jeden anderen Markt gilt auch für den Marktplatz Literatur, dass ein Angebot zunächst sichtbar gemacht, d.h. Aufmerksamkeit erregen muss, beispielsweise durch öffentlichkeitswirksame Gesten der Abgrenzung oder Überbietung.

Dementsprechend gehört es grundsätzlich zur Strukturlogik des literarischen Feldes, dass Schriftsteller sich und ihre Werke inszenieren müssen, um die Währung ‚Aufmerksamkeit' zu kassieren. In der zweiten

Hälfte des 18. Jahrhunderts nimmt dieser Inszenierungsdruck allerdings dadurch erheblich zu, dass sich die Strukturen der literarischen Öffentlichkeit auf die heutigen Rahmenbedingungen für die Produktion und Rezeption von Literatur hin zu wandeln beginnen. Der Buchmarkt kapitalisiert sich, indem die Buchhändler vom wechselseitigen Tausch der Druckbögen zum Verkauf der Bögen gegen Geld übergehen. Zudem steigen Nachfrage und Angebot praktisch im Gleichschritt rasant an: Das Lesepublikum vergrößert sich sprunghaft, es lesen immer mehr Menschen aus verschiedenen Schichten der Bevölkerung – vor allem ‚Frauenzimmer', wie es damals hieß. Und nicht nur das Publikum, sondern auch die Lesehaltung verändert sich, von einer intensiven zu einer extensiven Lektüre. Statt wenige Bücher wie die Bibel oder religiöse Erbauungsschriften immer wieder zu lesen, ‚verschlingt' das neue Publikum immer neue Bücher. Folgerichtig zieht auch die Buchproduktion an, um dieses gesteigerte Bedürfnis nach neuem Lesestoff zu befriedigen. Allein im Jahrzehnt zwischen 1770 und 1780 verdoppelt sich die Zahl der Schriftsteller in Deutschland von ca. 3000 auf ca. 6000 und die Buchproduktion verzehnfacht sich im Zeitraum zwischen 1770 und 1800 sogar. Chancen wie Probleme dieser Entwicklung liegen auf der Hand: Einerseits wächst die Freiheit der Schriftsteller, ihr Handlungsspielraum, und es beginnt sich (langsam) eine freie, autonome Autorschaft im heutigen Sinne herauszubilden; andererseits wächst mit der Zahl der Anbieter von Literatur auch der Konkurrenzdruck enorm und damit die Notwendigkeit, sich öffentlichkeitswirksam zu inszenieren und zu positionieren.

In dieser Umbruchsituation betritt die junge Autorengeneration also das literarische Feld. Dessen gewichtige Positionen sind vor allem von dem Autorenkartell der Aufklärung und Protagonisten wie Friedrich Nicolai (1733–1811) besetzt – und die Literaturrevolutionäre setzten quasi Kartellbildungen dagegen, um sich und ihre häretischen Programme gegen die orthodoxe Aufklärung resonanzträchtig in Stellung zu bringen.

Herders und Goethes „Secte" in Straßburg

Zunächst formiert sich eine wichtige personelle Konstellation in Straßburg. Dort unterhielt der Aktuarius Johann Daniel Salzmann (1722–1812) ab 1770 eine Tischgesellschaft von Studenten, die rasch größere Aufmerksamkeit als die schon länger bestehende Straßburger „Société de Philosophie et Belles-Lettres" erregte und die literaturpolitische Meinungsführerschaft vor Ort übernahm. Bald wurde der Zirkel aber auch über die Grenzen der Stadt hinaus in seinem Anspruch wahrgenommen, die literarische Avantgarde zu sein. Verantwortlich für diese Resonanzgewinne waren vor allem zwei ‚Neuzugänge': Zunächst trifft Goethe am 4. April 1770 in Straßburg ein, wo er sein Jurastudium fortsetzen wollte, stößt kurz danach zu dieser Tischgesellschaft und nimmt fortan teil an ihren Gesprächen über Kunst, Literatur und Studium und dem Vortrag eigener Texte sowie an gemeinsamen Reisen ins Elsass, nach Lothringen und Sesenheim – und auf Sesenheim werden wir zurückkommen, wenn es um die Lyrik des jungen Goethe geht, denn dort lernte er Friederike Brion kennen und erfand für sie die ‚Erlebnislyrik'.

Institutionalisiert waren diese Zusammenkünfte nicht, sehr wohl aber ritualisiert und erkennbar auf die Bildung eines Gruppenbewusstseins gerichtet. So erinnert sich Goethe in *Dichtung und Wahrheit*: „Ohne die äußeren Formen, welche auf Akademien so viel Unheil anrichten, stellten wir eine durch Umstände und guten Willen geschlossene Gesellschaft vor, die wohl mancher Andere zufällig berühren, aber sich nicht in dieselbe eindrängen konnte." (HA, Bd. 9, S. 373) Und aufgrund einer ‚natürlichen' Autorität, schildert Jung-Stilling in seiner *Lebensgeschichte* später seine Eindrücke von der Gruppenordnung, rückte Goethe schnell zur führenden Figur dieser geschlossenen Gesellschaft auf, hatte „die Regierung am Tisch", „ohne daß er sie suchte".

Am 5. September 1770 kommt dann allerdings eine noch größere Autorität nach Straßburg, die sich im Gegensatz zu Goethe und seinen Tischgenossen schon einige literarische Meriten erworben hat: Johann Gottfried Herder. Das Zusammentreffen zwischen Herder und Goethe ist immer wieder als ‚Geburtsstunde' des Sturm und Drang bezeichnet worden: Zwar wird das *role model* Herder nicht Mitglied der Tischgesellschaft, nimmt aber Kontakt zu deren Mitgliedern und vor allem zu Goethe auf, der ihn häufig besucht. Goethe selbst hat die Begegnung mit Herder als „das bedeutendste Ereignis, was die wichtigsten Folgen für mich haben sollte" eingeordnet: In ihren Gesprächen wird der angehende Autor Goethe von dem älteren Herder viel kritisiert, gelegentlich durchaus sarkastisch, erhält aber auch Bestätigung für viele seiner ästhetischen Ansichten sowie durch den Hinweis auf die Volkspoesie und das Vorbild Shakespeare wesentliche Anregungen für sein Literaturverständnis. Diese erste Phase des Sturm und Drang im engeren Sinne dauert nur ein halbes Jahr, weil Herder schon im April 1771 wieder abreist. Sie wirkt aber als ästhetischer Impuls fort, sowohl in der Bewegung im Allgemeinen als auch in gemeinsamen Veröffentlichungen wie dem Aufsatzband *Von deutscher Art und Kunst* (1773) im Besonderen. Und diese Form der

Bündnispolitik ist durchaus wahrgenommen worden: So bemerkt beispielsweise Christian Heinrich Schmid (1746-1800) in Wielands *Teutschem Merkur* (1774): „Noch immer ertönen von allen Seiten die Klagen über die *Secten*, und Spaltungen, welche auf unserem Parnasse herrschten." – und stimmt dann in die Klagen ein, indem er der „Secte" gut aufklärerisch ihre „Neuerungssucht" vorwirft.

Bevor dann auch Goethe im August 1771 nach der abgeschlossenen Promotion zum Lizentiaten der Rechte aus Straßburg abreist, um in Frankfurt als Anwalt zu arbeiten, ergibt sich noch eine weitere Bekanntschaft, die sich entscheidend auf die weitere Entwicklung des Sturm und Drang auswirken sollte. Im Mai 1771 kommt nämlich Lenz nach Straßburg, schafft die Aufnahme in den *inner circle* bei Salzmann, wird in den Publikationsorganen der Zeit bald als erster Freund und Nachahmer Goethes bezeichnet und orientiert sich tatsächlich so stark an ihm, dass Daniel Schubart Lenz' Drama *Der Hofmeister* im Augustheft 1774 seiner *Deutschen Chronik* für ein Werk „unsers Shakespears, des unsterblichen Dr. Göthe" hält.

Im Gegensatz zu Goethe blieb Lenz mit kurzen Unterbrechungen bis 1776 in Straßburg und engagierte sich in der „Société de Philosophie et Belles-Lettres" (die im Jahr 1775 auf sein Betreiben hin in „Deutsche Gesellschaft" umbenannt wurde), um für sich und andere deutsche Autoren ein breit wahrgenommenes Forum zu etablieren. Der Erfolg dieser literaturpolitischen Aktivitäten blieb allerdings mäßig, wie Lenz in einem Brief an Goethe eingestehen muss. Überhaupt blieb Straßburg zwar auch nach der Abreise der beiden ‚Sektenführer' Herder und Goethe gelegentlicher Treffpunkt der jungen Autoren und somit bedeutungsvoll für ihr Gruppenbewusstsein, wie eine Inschrift auf dem Turm des Straßburger Münsters bezeugt, auf der sich neben der Jahreszahl ‚1776' die Namen von 21 Autoren der jungen Generation finden, unter ihnen die Brüder Stolberg, Goethe, Lenz, Wagner, Schlosser, Herder und Lavater. Aber die Musik spielte mittlerweile längst anderswo: in Frankfurt, Darmstadt und Gießen.

Kooperation zwischen Frankfurt, Darmstadt und Gießen: Der legendäre Jahrgang 1772 der *Frankfurter gelehrten Anzeigen*

Hatte Goethe in Straßburg noch die Rolle des ersten ‚Schülers' von Herder eingenommen, so bildete sich in Frankfurt ein literarischer Zirkel mit dem Heimkehrer als unumstrittenem Mittelpunkt heraus. Über seinen Darmstädter Freund Johann Heinrich Merck stellte sich überdies der Kontakt dieses Zirkels zu einer Gruppe empfindsamer Literaturfreunde in Darmstadt her, aus dem eine der resonanzträchtigsten literaturpolitischen Aktivitäten des Sturm und Drang resultierte: die Neugründung der *Frankfurter gelehrten Anzeigen.* Für ein Jahr, einen legendären ‚Jahrgang 1772' war dieses Publikationsorgan *die* literaturkritische Plattform, auf der sich die jungen Autoren präsentierten, d.h. ihr Programm artikulierten und Stellung bezogen gegen die Vertreter der Aufklärung, deren ästhetische Maßstäbe und deren Rezensionspraxis.

Herausgegeben von Merck und Johann Georg Schlosser, erschienen die *Frankfurter gelehrten Anzeigen* zweimal wöchentlich und publizierten im Jahr 1772 104 Artikel, 396 Rezensionen und 36 Nachrichten „eher persönlicher Art" (Gerhard Sauder). Die Beiträger rekrutieren sich aus dem Darmstädter Kreis um Merck und Herder (dessen Verlobte und spätere Frau Caroline Flachsland zu den Darmstädter ‚Empfindsamen' gehörte), dem Frankfurter Kreis um Goethe und einem Gießener Kreis um Karl Friedrich Bahrdt (1741–1792), ergänzt um einige ‚auswärtige' unregelmäßige Mitarbeiter. Insgesamt sind ca. 40 Rezensenten beteiligt, wobei die meisten Beiträge von Goethe, Merck, Schlosser, Petersen und Herder verfasst wurden. Nicht in allen Fällen ist die Verfasserschaft allerdings eindeutig zu klären, weil die Werke gelegentlich zunächst von einem der Bündnispartner referiert und dann diskutiert wurden, bevor einem Protokollführer die Aufgabe zufiel, eine „Protokoll-Rezension" anzufertigen.

Klar vernehmlich spricht sich der Gruppencharakter der Zeitschrift und ihre Opposition gegen das Interessenkartell der Aufklärung gleich in ihrer Ankündigung durch den Verleger aus:

> Eine Gesellschaft Männer, die ohne alle Autorfesseln und Waffenträgerverbindungen im stillen bisher dem Zustand der Litteratur und des Geschmacks hiesiger Gegenden, als Beobachter zugesehen haben, vereinigen sich, um dafür zu sorgen, dass das Publikum von hieraus nicht mit unrichtigen, oder nachgesagten, oder von den Autorn selbst entworffenen Urtheilen getäuscht werde. (Zit. nach *Frankfurter gelehrte Anzeigen*, Neudruck Heilbronn 1883, S. XXXI).

Die erste Nummer der Zeitschrift vom 3. Januar 1772 wird dann von einer programmatisch zu verstehenden „Nachricht an das Publikum" eingeleitet: Erfasst werden sollten „nur die *gemeinnützigen* Artikel in der Theologie, Jurisprudenz und Medizin", das „Feld der Philosophie, der Geschichte, der schönen Wissenschaften und Künste" hingegen „in seinem ganzen Umfange". Außerdem sollte dafür gesorgt werden, dass dem

„Liebhaber der *englischen Literatur* [...] kein einziger Artikel, der seiner Aufmerksamkeit würdig ist, entgehe“ (S. 3). Auf den ersten Blick mutet diese ‚Nachricht‘ nicht gerade ‚literatur-revolutionär‘ an, wie ein spektakulärer Neuanfang nach dem Bruch mit der Praxis aufklärerischer Literaturkritik. Neu war immerhin der Verzicht darauf, *alle* Neuerscheinungen besprechen zu wollen, wie es Anspruch des renommiertesten Konkurrenzunternehmens, des von Friedrich Nicolai herausgegebenen Rezensionsorgans *Allgemeine deutsche Bibliothek* war. Neu war auch die Bevorzugung englischer Literatur, die gegen den französischen Klassizismus ausgespielt wurde. Neu aber – bzw. neu in Gewichtung und Interpretation – waren vor allem die ästhetischen Hochwertbegriffe, die die *Anzeigen* zunehmend stärker exponierten: Genie, Gefühl und Natur. Gefeiert wurden etwa der „Blitzstrahl des Genies“ (S. 49) bei Klopstock oder Shakespeares Werke dafür, „fliegende Blätter aus dem großen Buche der Natur, Chroniken und Annalen des menschlichen Herzens“ (S. 144) zu sein. Und über den Einzelfall hinaus galt prinzipiell das poetologische Credo: „Die Dichtkunst und alle schönen Künste strömen aus den Empfindungen, sind nur den Empfindungen gewidmet und sollten nur durch sie beurteilt werden“, womit die *Individualität* zur zentralen Kategorie der Produktion und Rezeption des ‚Kunstschönen‘ aufgewertet war.

Und neu war schließlich der Stil, in dem diese Hochwertbegriffe in Szene gesetzt wurden: Denn während noch die 1760er Jahre von einer Form der Literaturkritik dominiert wurden, die vornehmlich über die Einhaltung der Regeln wachte und dem subjektiven Geschmack keinen Platz einräumte, urteilten die Autoren der *Frankfurter gelehrten Anzeigen* ihrer Poetologie entsprechend betont persönlich – und keineswegs immer zurückhaltend, sondern oftmals äußerst polemisch. Ein bezeichnendes Beispiel für den provokativen Gestus der *Anzeigen* bietet Goethes erster Beitrag zu dem Gemeinschaftsprojekt. In einer spöttischen Besprechung des zweiten Teils von Schummels *Empfindsame Reise durch Deutschland* (1772) schickt er den wenig originellen Verfasser ins „neue Arbeitshaus“, wo „alle unnützenden und schwatzenden Schriftsteller Morgenländische Radices raspeln, Varianten auslesen, Urkunden schaben“, denn: „Es ist alles unter der Kritik, und wir würden diese Maculatorbogen nur mit zwey Worten angezeigt haben, wenn es nicht Leute gäbe, die in ihrem zarten Gewissen glauben, man müsse ein solches junges Genie nicht ersticken.“ (S. 119) Und die Kritik mündet in die vernichtende Feststellung: „Endlich bekommt der Verf. S. 73 ein ganzes Bataillon Kopfschmerzen, weil er was erfinden soll; und wir und unsere Leser klagen schon lange darüber.“ (S. 121)

Solche schonungslosen Angriffe sind typisch für den Jahrgang 1772 der *Anzeigen*, und sie sorgten dafür, dass die Zeitschrift erhebliche Aufmerksamkeitsgewinne in der ‚Gelehrtenrepublik' erzielte. ‚Naturgemäß' riefen Haltung wie Vehemenz der Beiträge dabei sowohl Widerspruch als auch Zustimmung hervor: Während von Seiten der Aufklärung die mangelnde Fairness der Rezensionen moniert und der Autorengruppe ein „Complot" gegen Anstand und Religion unterstellt wurde, schrieb der berühmte Schweizer Physiognomiker Lavater (1741–1801) an Schlosser, er kenne keine andere kritische Instanz, deren „Verf. so viel Genie, Geschmack, Literatur, Freyheit, Witz und Empfindsamkeit hätten". Und so resümiert Goethe in seiner „Nachrede statt der versprochenen Vorrede":

> Es ist wahr, es konnten einige Autoren sich über uns beklagen. Die billigste Kritik ist schon Ungerechtigkeit; jeder macht's nach Vermögen und Kräften und findet sein Publikum, wie er einen Buchhändler gefunden hat. Wir hoffen, diese Herren werden damit sich trösten und die Unbilligkeit verschmerzen, über die sie sich beschweren. Unsre Mitbrüder an der kritischen Innung hatten außer dem Handwerksneid noch einige andere Ursachen, uns öffentlich anzuschreien und heimlich zu necken. Wir trieben das Handwerk ein bißchen freyer als sie und mit mehr Eifer. (S. 689)

Ein Jahr lang boten die *Frankfurter gelehrten Anzeigen* folglich ein Forum, auf dem die Prinzipien der Künstler- und Gefühlsautonomie kampflustig propagiert wurden. Die *Anzeigen* bestanden noch bis 1790, büßten ihre Bedeutung als fortlaufendes Manifest der Bewegung aber schnell wieder ein, weil das Autorenbündnis sich nach dem Jahr 1772 wieder auflöste. An langfristigen Kooperationen bestand offensichtlich kein Interesse.

Inszenierung als „Parnassum in nuce": Der Göttinger Hain

Fast zeitgleich mit den Gruppenbildungen in Frankfurt und Darmstadt konstituierte sich in Göttingen eine weitere Verbindung junger Literaturinteressierter, die in den Umkreis des Sturm und Drang gehört. Organisatorischer Motor dieser Gruppe war der Jurastudent Heinrich Christian Boie (1744–1806), der schon im Januar 1772 feststellen konnte: „Wir bekommen nachgerade hier einen Parnassum in nuce. Es sind einige feine junge Köpfe da, die zum Teil auf gutem Wege sind. Ich suche das Völkchen zu vereinigen." Inspiriert von Klopstocks Ode *Der Hügel und der Hain* kommt es am 12. September 1772 dann zur feierlichen Gründung eines ‚heiligen' Bundes, der unter dem Namen ‚Göttinger Hain' in die Literaturgeschichte eingegangen ist. Wenige Tage danach, am 20. September berichtet Johann Heinrich Voß seinem Freund Theodor Johann Brückner noch ganz beseelt von dem Ereignis:

> Ach, den 12. September, mein liebster Freund, da hätten Sie hiersein sollen. Die beiden Millers, Hahn, Hölty, Wehrs und ich gingen noch des Abends nach einem nahegelegenen Dorfe. Der Abend war außerordentlich heiter, und der Mond voll. Wir überließen uns ganz den Empfindungen der schönen Natur. Wir aßen in einer Bauernhütte eine Milch, und begaben uns darauf ins freie Feld. Hier fanden wir einen kleinen Eichengrund, und sogleich fiel uns allen ein, den Bund der Freundschaft unter diesen heiligen Bäumen zu schwören. Wir umkränzten die Hüte mit Eichenlaub, legten sie unter den Baum, faßten uns alle bei den Händen, tanzten so um den eingeschlossenen Stamm herum, – riefen den Mond und die Sterne zu Zeugen des Bundes an, und versprachen uns ewige Freundschaft. Dann verbündeten wir uns, die größte Aufrichtigkeit in unsern Urtheilen gegeneinander zu beobachten, und zu diesem Entzwecke die schon gewöhnliche Versammlung noch genauer und feyerlicher zu halten.

Anschaulich wird schon in diesem Gründungsdokument die Selbstinszenierung der Gruppe als gleichermaßen empfindsamer und naturverbundener wie deutschnationaler Zirkel, der zwar klein ist, aber groß denkt. Zu diesem selbst ernannten ‚Parnassum in nuce' gehörten anfangs Johann Heinrich Voß (1751–1826), Ludwig Christoph Heinrich Hölty (1748–1776), Johann Friedrich Hahn (1753–1779) und Johann Martin Miller (1748–1776) sowie dessen Vetter Gottlob Dietrich Miller (1750–1818), Johann Thomas Ludwig Wehrs (1751–1811) und natürlich Boie. Wenig später traten u.a. noch die Brüder Stolberg, ihr Hofmeister Carl Christian Clausewitz (1734–1795) und Johann Anton Leisewitz (1752–1806) dem Bund bei. Gleichsam assoziiert war außerdem Gottfried August Bürger (1747–1794). Dieser ‚Club der angehenden Dichter' traf sich in der Folgezeit regelmäßig zu stark ritualisierten Zusammenkünften, deren Ablauf von heute aus betrachtet fast komisch wirkt, wie ein kindliches Spiel: Durch Losentscheid wurde zunächst jeweils ein Ältester bestimmt, dann wurden Werke vorgelesen und bewertet und die Ergebnisse der Diskussionen schließlich in einem ‚Bundesbuch' festgehalten. Die Mitglieder des Bundes firmierten während dieser Sitzungen allerdings nicht unter ihren bürgerlichen Namen, sondern unter erfundenen oder Klopstocks Oden entlehnten Bardennamen: Voß trat erst als Gottschalk und später als Sangrich auf, Boie als Werdomar, Hölty als Haining usw. Auch diese Umbenennungen mögen nur spielerisch wirken, doch sind sie durchaus programmatisch zu verstehen: Denn in dem Rekurs auf die Helden der germanischen Vorzeit artikuliert sich die entschiedene Abgrenzung des Bundes gegen die zeitgenössische Verzärtelung des Geschmacks und seine Einschreibung in eine germanische Tradition. Der Wegbereiter dieser Bardenmode, genauer: einer zwar erfundenen, aber gleichwohl identitätsstiftenden germanischen Mythologie war der schon mehrfach erwähnte Klopstock. Die Verehrung der Hainbündler für den Sänger des *Messias* (dessen erste Teile 1748 erschienen) und vaterländischer ‚Bardieten' wie *Hermanns Schlacht* (1769) nahm beinahe kultische Züge an und fand ihren Gipfel im Februar 1774 mit einem euphorisch begrüßten Aufnahmeantrag Klopstocks und seinem Besuch in Göttingen. Dadurch beglaubigte das Idol öffentlichkeitswirksam die von den Hainbündlern behauptete Genealogie, d.h. ihre ‚Abstammung' vom ‚Vater' Klopstock. Und er tat dies sicher einerseits aufgrund poetologischer Gemeinsamkeiten, andererseits aber aus werkpolitischen Gründen. Denn Klopstock war der erste freie Berufsdichter, der materiell unabhängig zu leben versuchte, überall nach „Commissionären" und „Collecteuren" für seine Werke fahndete und für die *Deutsche Gelehrtenrepublik* (1774) zur Zeit seines Besuchs gerade ein Subskriptionsmodell entwarf – modern gesprochen ging es auch um Marketing, um den Absatz seiner Bücher. In der *Ode an Johann Heinrich Voß* (1786) bedankte sich Klopstock für die Unterstützung: „Dank unsern Dichtern! Da sich des Kritlers Ohr / Fern von des Urtheils Stolze, verhörte; / Verliessen sie mich nicht".

Den Gegenpart zu Klopstock bildete Christoph Martin Wieland (1733–1813). Abgelehnt wurde er als frankophiler ‚Wollustsänger', sprich: als prominenter Protagonist der prinzipiell von den Bündlern inkriminierten Verzärtelung des Geschmacks. Die Vielzahl der Herabsetzungen Wielands lässt sich nachgerade als „Kreuzzug der Hainbündler gegen Wieland" (Poitzsch) interpretieren, der seinen Kulminationspunkt in einem veritablen Autodafé fand: Am 2. Juli 1773, anlässlich des Geburtstages von Klopstock, verbrannten die Mitglieder des Hainbunds ein Porträt Wielands und sein Versepos *Idris*.

Nicht verwundern kann, dass der Bund zwar ‚auf ewig' gegründet war, aber nicht ewig hielt. Ihren künstlerischen wie literaturpolitischen Zenit erreichte die Gruppe mit der Veröffentlichung des *Musenalmanach auf das Jahr 1774*, der alle jungen Autoren von Rang und Namen versammelte: neben Hainbund-Mitgliedern wie Hölty, Voß und den beiden Grafen

Stolberg auch Goethe, Herder und Klopstock. Danach begann allerdings der zügige Abstieg. Der produktions- wie wirkungsästhetische Drive des Bundes verlor sich in Folge des Weggangs der Studenten aus Göttingen. Immerhin konnte Boie im Oktober 1776 mit Stolz und Recht konstatieren: „Welche Schritte hat die deutsche Poesie gemacht seit Entstehung der Almanache.“

Literatur

Franziska **Herboth**: Satiren des Sturm und Drang. Innenansichten des literarischen Feldes zwischen 1770 und 1780. Hannover 2002, S. 43–96

„Lernt: Die Natur schreib in das Herz sein Gesetz ihm“: Ästhetik und Poetik

Trotz des intensiven Austauschs über Fragen der Literaturproduktion und -rezeption haben die Stürmer und Dränger keine einheitliche Programmatik formuliert und überhaupt fast vollständig auf die schriftliche Fixierung ästhetischer und poetologischer Konzepte verzichtet. Dass es dementsprechend keine Theorie(n) des Sturm und Drang, keine zusammenhängende Ästhetik dieser Bewegung gibt, erklärt sich aus ihrer grundsätzlichen Opposition gegen die Unterdrückung der künstlerischen Freiheit durch die Herrschaft der poetologischen Regeln, sprich: gegen die normative Poetik der Aufklärung. Auf die Formelhaftigkeit von Werken wie Gottscheds Versuch einer Critischen Dichtkunst vor die Deutschen *(1730, 4. Auflage 1751), die praktische Anleitungen zur Verfertigung von Dichtung und objektive, vorgeblich überzeitlich gültige Maßstäbe, zu ihrer Beurteilung aufstellten, reagieren die Autoren des Sturm und Drang mit einer radikalen Aufwertung der Subjektivität bzw. Individualität des Dichters. Nicht nach vorgegebenen Regeln soll Literatur also produziert werden, sondern aufgrund des jeweils angeborenen und weiterentwickelten schöpferischen Talents. In diesem Sinne ruft Klopstock in seiner Ode* Ästhetiker *aus: „Lernt: Die Natur schreib in das Herz sein Gesetz ihm.“ (Klopstock, S. 133) Und in der Programmschrift* Die Gelehrtenrepublik *(1774) erläutert er dazu: „Frag du den Geist, der in dir ist, und die Dinge, die du um dich siehst und hörst, und die Beschaffenheit des, wovon du vorhast zu dichten; und was die dir antworten, dem folge.“ (Ebd., S. 904)*

Der Sturm und Drang hat folglich mindestens so viele – freilich implizite – Dichtungskonzepte wie Dichter hervorgebracht. Diese Subjektzentriertheit bedeutete dennoch keine absolute Regellosigkeit, sondern etablierte neue Regeln, ein neues ästhetisches ‚Grundgesetz‘: Literatur sollte nun ‚natürlich‘ und wahrscheinlich sein, und in ihrem Mittelpunkt sollten große, wahre Charaktere und ihre Leidenschaften stehen. Ausgehandelt wurden diese neuen Regeln in der Auseinandersetzung um einige zentrale Begriffe bzw. Konzepte. Die Diskussion kreist gleichsam um wenige diskursive Kerne. Vorrangig geht es dabei um *Genieästhetik* und *Volkspoesie*. Diese beiden Kerne sollen im Folgenden jeweils knapp in ihre literarhistorischen Zusammenhänge eingebettet und anschließend anhand exemplarischer Texte erläutert werden.

Der Dichter als „second Maker“: Die Genieästhetik

Die Diskussion um den Geniegedanken setzt nicht erst mit dem Sturm und Drang ein, sondern war schon seit den 1750er Jahren zum zentralen Reflexionsgegenstand nicht nur der deutschen, sondern überhaupt der europäischen Literaturen aufgerückt. Geführt wurde diese Debatte entlang der Leitdifferenz, anhand derer im 17. Jahrhundert in Frankreich die so genannte *Querelle des anciens et des modernes* ausgetragen wurde: Kurz gesagt, stritten dort ‚Alte' und ‚Moderne' um das Verhältnis von *ingenium* und *studium*, um die Frage also, ob sich das Genie eher durch Talent und Begabung oder durch Gelehrsamkeit bzw. die Anwendung erlernter Regeln auszeichne.

Die deutsche Frühaufklärung und namentlich Gottsched hatte sich zwischen diesen Alternativen noch eindeutig für das *studium* entschieden. Poesie sei lehr- wie erlernbar, dekretiert Gottsched in seiner *Critischen Dichtkunst*, und ihr Hauptzweck sei moralische Belehrung. So berühmt wie berüchtigt ist sein ‚Rezept' zur Zubereitung von Literatur: „Zu allererst wähle man sich einen lehrreichen moralischen Satz, der in dem ganzen Gedichte zum Grunde liegen soll, nach Beschaffenheit der Absichten, die man sich zu erlangen, vorgenommen.“ (S. 215) Das schöpferische Genie, die Phantasie hat in diesem vernunftbasierten Dichtungsverständnis offensichtlich keinen Platz. Gottscheds Position sah sich begreiflicherweise bald scharfen Angriffen ausgesetzt, vor allem durch die Schweizer Bodmer und Breitinger, die für eine Aufwertung der Neuheit und des Wunderbaren gegenüber der phantasiebereinigten Anwendung tradierter Regeln eintraten – was zu einem heftigen, gleichermaßen poetologischen wie literaturpolitischen Kampf zwischen diesen und bald vielen weiteren Kombattanten führte, der in Literaturgeschichten als ‚Zürcher Literaturstreit' geführt wird. Noch weiter in den Hintergrund verschoben wurde das Prinzip des *studiums* dann bei Christian Fürchtegott Gellert (1715–1769), der mittels seiner Literatur weniger auf den Verstand, als vielmehr auf das Herz seiner Leser, auf ihre Sinnlichkeit einwirken will. Gellert verfocht außerdem das Originalitätspostulat und verstand sich als erster Originalautor der Deutschen, ja als erstes Originalgenie. Dennoch hielt selbst er noch an einigen Grundannahmen aufklärerischer Poetik fest, etwa am unterhaltend-lehrhaften Charakter der Dichtung und der Geltung poetischer Regeln der ‚Alten' Aristoteles, Horaz oder Quintillian.

Der entscheidende Einfluss für die Autoren des Sturm und Drang zur Radikalisierung dieser Tendenz hin zur Autonomie der Literatur und einem Selbstverständnis als quasi ‚gottgleicher' Schöpfer von originaler Kunst kam dann allerdings nicht aus Deutschland, sondern aus England. Dort war schon in der ersten Hälfte des 18. Jahrhunderts eine lebhafte Auseinandersetzung um den Genie-Begriff in Gang gekommen. Shaftesbury etwa hatte den Dichter als ‚zweiten Schöpfer' charakterisiert: „Such a Poet is indeed a second Maker: a just Prometheus, under Jove." (*Soliloquy or Advice to an Author*, 1711). In diesem Sinne spielte auch Edward Young in seinem Buch *Conjectures on original composition* von 1759, das bereits 1760 in deutscher Übersetzung vorlag, die schöpferische Kraft gegen eine vernunftdominierte Regelpoetik aus: „Schönheiten, die man noch nie in Regeln vorgeschrieben, und etwas Vortrefliches, von dem man noch kein Exempel hatte, (und dies ist die Characteristik des Genies) diese liegen weit außer den Gränzzeichen der Herrschaft der Gelehrsamkeit und ihrer Gesetze." (Young, S. 29) Gerhard Sauder hat darauf hingewiesen, dass sich keine direkten Belege für die Rezeption von Youngs Schrift durch die Autoren des Sturm und Drang finden lassen. Seine Gedanken wurden aber offenkundig vermittelt rezipiert und in je unterschiedlicher Akzentuierung als argumentatives Gerüst der Geniekonzeption verwendet.

In der Nachfolge Youngs erheben die Autoren des Sturm und Drang den Dichter also in den Rang eines ‚zweiten Gottes', ernennen ihn zur beispielhaften Verwirklichung der allein aus sich schaffenden Subjektivität. Paradoxerweise verzichten sie dennoch nicht auf Vorbilder: Als exemplarisches neuzeitliches Genie gilt ihnen Shakespeare. Vorstellen wollen wir zwei literaturgeschichtlich besonders wirkungsmächtige literarische Positionierungen im Zeichen Shakespeares, und zwar zum einen Herders schlicht *Shakespeare* betitelten Aufsatz aus dem bereits erwähnten Band *Von deutscher Art und Kunst. Einige fliegende Blätter* (1773) und zum anderen Goethes im Jahr 1771 aus Anlass der Shakespeare-Feiern verfassten Text *Zum Schäkespears Tag*.

Das vorbildliche Genie I: Herders *Shakespeare*-Aufsatz (1773)

Herders Aufsatz über Shakespeare kommt von allen literaturtheoretischen Texten des Sturm und Drang einer Programmschrift am nächsten, da er die zentralen Gedanken und Begriffe der zeitgenössischen Diskussion behandelt und im Sinne der Straßburger Gespräche ausbuchstabiert. In diesem Aufsatz, rühmte ihm Goethe in *Dichtung und Wahrheit* dementsprechend nach, sei erfahrbar, „was damals in dieser lebendigen Gesellschaft gedacht, gesprochen und verhandelt worden" (HA, Bd. 9, S. 494). Unmittelbar angeregt wurde er durch Heinrich Wilhelm von Gerstenbergs (1737–1823) *Versuch über Shakespears Werke und Genie* in dessen *Briefen über Merkwürdigkeiten der Literatur* (14.–18. Brief; 1766–1770 in vier Bänden erschienen). Gerstenberg hatte zwar das Genie Shakespeares betont und den Hauptzweck seiner Dramen in der „Zeichnung der Sitten, der sorgfältigen und treuen Nachahmung wahrer und erdichteter Charaktere, dem kühnen und leicht hingeworfenen Bilde des [...] animalischen Lebens" in den „lebendigen Bildern der sittlichen Natur" erkannt. An der Geltung der aristotelischen Regeln, an den drei Einheiten Zeit, Raum und Handlung sowie der Kanonizität der französischen Tragödie hatte er dabei aber festgehalten. Damit blieb er letztlich Positionen der Aufklärung verpflichtet, vergleichbar Lessing, der in seinen *Briefen, die neueste Literatur betreffend* (1759) von Shakespeares Genie gesagt hatte, das es „alles bloß der Natur zu danken zu haben scheinet" (S. 72), dieses Genie aber innerhalb des traditionellen Gegensatzes von Natur und Kunst, von *ingenium* und *studium* verortet. Herder nun überwindet diesen Gegensatz bzw. leistet eine weiterführende Synthese der Ansätze Lessings und Gerstenbergs.

Im Wesentlichen unternimmt Herder zweierlei: Zum einen formuliert er seine Einsicht in die *Geschichtlichkeit* jeder Kunst, und zum anderen bestimmt er über das Vorbild Shakespeare den *Geniebegriff* neu. Zunächst also zum ersten Kern der Argumentation, dem Hinweis auf die Historizität von Kunstwerken. Herder vollzieht den Sprung von der quasi zeitlosen aufklärerischen Ästhetik zu einem Versuch historisch-genetischen Verstehens des jeweiligen Kunstwerks, indem er die *Poetik* von Aristoteles neu interpretiert – auf den Punkt gebracht: Er versteht sie im Gegensatz zu den Vertretern der Aufklärung und des Klassizismus nicht mehr als normativen „Regelnvorrat", der „von der Lehre unzertrennlich" ist (HW, Bd. 2, S. 499), sondern als *Beschreibung* des Theaters zu seiner Zeit. Begründet wird dieser Perspektivwechsel mit einer Geschichte des griechischen Theaters *in nuce*: Die Kultur stand damals nämlich im Stadium der Kindheit, erläutert Herder, sei nicht modern zersplittert, sondern einfach und einheitlich gewesen. Dieser zeitgenössischen Erfahrung entspreche das damalige Theater: Aus *einem* Auftritt habe sich das griechische Drama entwickelt, bevor Aischylos die zweite und Sophokles die dritte Figur einführten. Und Aristoteles habe seinen Begriff des Dramas aus diesen Stücken gewonnen und Regeln aus ihnen abgeleitet, die demgemäß ursprünglich nicht ‚künstlich', sondern ‚natürlich' gewesen seien:

> das Künstliche ihrer Regeln war – keine Kunst! war Natur! – Einheit der Fabel – war Einheit der Handlung, die vor ihnen lag; die nach ihren Zeit- Vaterlands- Religions- Sittenumständen, nicht anders als solch ein Eins konnte. *Einheit des Orts* – war Einheit des Orts; denn die Eine, kurze feierliche Handlung ging nur an einem Ort […] Und daß Einheit der Zeit nun hieraus folgte und natürlich mitging – welchen Kinde brauchte das bewiesen zu werden? (S. 501)

Von dieser historischen Herleitung der aristotelischen Einheiten aus erklärt sich Herders anschließende Polemik gegen die französischen Klassizisten, die „neuen Athenienser[] Europens" (S. 503): Formal sei das Theater von Corneille, Racine oder Voltaire durchaus vollkommen, erläutert Herder, befolge es alle Regeln des vorbildhaften griechischen Theaters. Aber genau diese Regeltreue sei der kardinale Fehler des Klassizismus: Denn die Welt, der ‚Zeitgeist' (der eine Wortschöpfung Herders ist) habe sich seit den Zeiten des griechischen Theaters grundlegend gewandelt, und so haben sich auch die Bedingungen verändert, die dieses Theater hervorbrachten. Ignoriere man diesen Wandel und halte an notwendig überlebten Formen fest, entstehe ein erstarrtes Theater, das nur „Puppe" sei, „Gemälde der Empfindungen von dritter Fremder Hand; nie aber oder selten die unmittelbaren, ersten, ungeschminkten Regungen, wie sie Worte suchen und endlich finden" (S. 504). Dieses Ergebnis einer „Letternkultur" (S. 499) vermöge den Zuschauer nicht zu emotionalisieren, weil es sozusagen ‚Papier' sei, nicht lebendig und sinnlich: „Das ganze ihrer Kunst ohne Natur, ist abenteuerlich, ist ekel!" (S. 506)

Statt also nach Frankreich zu blicken und wie der französische Klassizismus die Griechen „nachzuäffen" (S. 506), die viel zu fern seien, soll sich das deutsche Theater die Briten zum Vorbild nehmen, die mit Shakespeares Werk ein Drama aus ihren spezifischen (kultur-) historischen Rahmenbedingungen hervorgebracht haben. Erfunden seien dessen Stücke nämlich nach der britischen „Geschichte, nach Zeitgeist, Sitten, Meinungen, Sprache, Nationalvorurteilen, Traditionen, und Liebhabereien" (S. 507) und es sei überdies aus dem Volk hervorgegangen, aus Fastnachts- und Marionettenspiel. Dementsprechend sei Shakespeares ‚nordisches' Drama zwar auf – sinnbildlich wie geographisch – anderem Boden als das klassische griechische Drama entstanden, erziele aber dieselbe Wirkung, weil es ebenso ‚natürlich' bzw. ‚naturtreu' sei. Um nur ein Beispiel für diese Form der Natürlichkeit zu nennen: Während die Beschränkung des griechischen Dramas auf nur einen Ort, eine Zeit und eine Handlung der griechischen Simplizität entspreche, stimme die Vielfalt der Räume, Zeiten und Ereignisse in Stücken wie *Othello, Macbeth* oder *Hamlet* mit der komplexen zeitgenössischen Wirklichkeit überein.

Aber Herder bleibt nicht bei der Rekonstruktion des Shakespeareschen Theaters aus den Zeitumständen stehen, sondern, und das ist der zweite wichtige Angelpunkt der Argumentation, er konstatiert darüber hinaus die Einmaligkeit dieser Werke, das „Neue, Erste, ganz verschiedene" (S. 508) an ihnen und profiliert damit den Geniebegriff neu. Belegt wird das exemplarische Genie Shakespeare von Herder mit den Attributen ‚natürlich', ‚groß' und ‚original': Natürlich wie original meint hier die je eigene Art des Künstlers, den aufrichtigen Ausdruck seiner Persönlichkeit, Shakespeares Persönlichkeit ist groß über Menschenmaß hinaus, ja mehr göttlich als menschlich. Gleich eingangs sieht Herder Shakespeares „Haupt in den Strahlen des Himmels" (S. 498), und später apostrophiert er ihn als „Göttersohn", als einen „Sterbliche[n] mit Götterkraft begabt": als Dichter also, der aus sich heraus eine Welt erschafft, „das verschiedenartigste Zeug zu einem Wunderganzen" (S. 508) zusammensetzt.

Ein kurzer Seitenblick bestätigt die prinzipielle Geltung dieser Konzeption für den Sturm und Drang: In analoger Weise nämlich argumentiert Goethe in seinem 1772 in Frankfurt erschienenen Aufsatz *Von deutscher Baukunst*, den Herder bezeichnenderweise in *Von deutscher Art und Kunst* erneut abdruckte. Goethe liefert hier gleichsam einen großen Prosahymnus auf Erwin von Steinbach, den Baumeister des Straßburger Münsters: Wie Shakespeare seine Werke, so hat das Genie Steinbach das Münster geplant und dabei die einzelnen Vorarbeiten in seiner Seele zu einem Kunstwerk zusammengesetzt, das viel mehr ist als die Summe seiner Teile. Gegenüber diesem übermenschlich großen Genie, das Goethe ausdrücklich „heilig[]" (HA, Bd. 12, S. 12) nennt, erscheinen die anderen Menschen wie „Ameisen" (S. 7).

Aber zurück zu Herder. Die Entstehung des Kunstwerks wird von ihm folglich vollständig in die Subjektivität des Künstlers gelegt, ebenso wie die Rezeption vollständig in diejenige des Zuschauers, in dem die jeweils dargestellte Welt zur Einheit wird – und dementsprechend wird das Gefühl zum zentralen Maßstab des Verständnisses von Dichtung. Offenkundig ausgehebelt ist damit die Geltung jeglicher Regeln. Der Aufsatz zielt darauf, den poetologischen Kanon zu verabschieden.

Doch so groß, so genial Shakespeare auch ist: Notwendig folgt aus der Einsicht in die Geschichtlichkeit aller Kunst, dass auch sein Werk veralten und schließlich unverständlich werden wird. Und mehr noch: Diese traurige Einsicht in die Vergänglichkeit betrifft ‚naturgemäß' auch die eigene Literatur – womit Herder seinen enthusiastischen Essay in einen für den Sturm und Drang insgesamt charakteristischen Pessimismus münden lässt. Aber immerhin, ruft er aus und wendet sich dabei an Goethe, dessen *Götz von Berlichingen* er 1772 gelesen hatte:

> Glücklich, daß ich noch im Ablaufe der Zeit lebte, wo ich ihn begreifen konnte, und wo du, mein Freund, der du dich bei diesem Lesen erkennest und fühlst, und den ich vor seinem heiligen Bilde mehr als Einmal umarmet, wo du noch den süßen und deiner würdigen Traum haben kannst, sein Denkmal *aus unsern Ritterzeiten* in unsrer Sprache, unserm so weit abgearteten Vaterlande herzustellen. (S. 520f.)

Das vorbildliche Genie II: Goethes Rede *Zum Schäkespears Tag* (1771)

Im Gegensatz zu Herders umfangreichem und argumentativ weit ausgreifendem Essay ist Goethes Shakespeare-Text knapp geraten und erscheint auf den ersten Blick wie ein Nebenwerk; in der Hamburger Ausgabe seiner Werke umfasst er gerade einmal vier Druckseiten. Aber er bietet ein sowohl für das Verständnis des Sturm und Drang im Allgemeinen als auch für Goethes Werk im Besonderen wichtiges Seitenstück zu Herders Gedanken und er hat bis ins 20. Jahrhundert eine erhebliche Wirkung ausgeübt, namentlich deshalb, weil er als Keimzelle einer Nationalidentität des Deutschen gelesen wurde. Geschrieben wurde der kleine Text als Rede für den 14.10.1771, den protestantischen Namenstag für ‚Wilhelm', an dem in Straßburg eine Shakespeare-Feier geplant war, und lässt sich daher gewissermaßen als Botschaft an die dortigen Freunde begreifen – er wurde dann allerdings auf der Feier nicht verlesen, weil Franz Christian Lerse die Festrede hielt. Stattdessen, wie das Haushaltungsbuch von Rat Goethe belegt, kam die Rede am selben Tag im väterlichen Haus zum Vortrag.

Geistiger Nährboden auch dieser Rede waren die Straßburger Gespräche mit Herder über Kunst, Literatur und eben Shakespeare, und wenig verwunderlich sind daher die Parallelen zu Herders Shakespeare-Aufsatz:

So kreisen auch Goethes Überlegungen um die Zentralbegriffe Genie und Natur und bestimmen sowohl sie als auch ihr Verhältnis zueinander in offenkundiger Anlehnung an Herder: Das Genie Shakespeare habe im Wettstreit mit Prometheus ‚kolossalische' Figuren geschaffen, sie gottgleich mit dem „Hauch seines Geistes" (HA, Bd. 12, S. 227) belebt und ihnen so Natürlichkeit verliehen. Emphatisch ruft er dementsprechend aus: „Natur! Natur! nichts so Natur als Schäkespears Menschen". (S. 226)

Nur das Genie könne also Natur angemessen erfassen und wahrhaftig darstellen, und zugleich sei es selbst „persongewordene Offenbarung der Natur" (GH, Bd. 3, S. 524) – die Begriffe werden letztlich ineins gesetzt. Zudem wendet sich die Rede wie Herders Essay vehement gegen die Gültigkeit der aristotelischen Einheiten: „Ich zweifelte keinen Augenblick dem regelmäßigen Theater zu entsagen. Es schien mir die Einheit des Orts so kerkermäßig ängstlich, die Einheiten der Handlung und der Zeit lästige Fesseln unsrer Einbildungskraft" – und kündigt den „Herrn der Regeln", also den Aufklärern, dann kämpferisch eine regelrechte „Fehde" an (HA, Bd. 12, S. 225). Schließlich findet sich hier ebenfalls die spöttische Wendung gegen das ‚unnatürliche' französische Theater, sprich dessen Nachahmung griechischer Muster: „Französchen, was willst du mit der griechischen Rüstung, sie ist dir zu groß und zu schwer. Drum sind auch alle Französische Trauerspiele Parodien von sich selbst." (S. 225)

Doch Goethes Text erschöpft sich nicht darin, Herdersche Gedanken noch einmal leicht variiert auszubuchstabieren, sondern setzt einen ganz eigenen Akzent. Auf den Punkt gebracht: Während Herder über Shakespeare nach*denkt*, *fühlt* Goethe als typisches Individuum des Sturm und Drang sich ein. Gleich eingangs gesteht er, „wenig über Schäckespearen gedacht" zu haben; stattdessen habe er „geahndet, empfunden" (S. 224). Und diese Bemerkung ist nicht rhetorisch, als floskelhafte Bescheidenheitsgeste zu verstehen, sondern durchaus programmatisch. Denn Goethe entwirft seine Shakespeare-Lektüre als quasi religiöses Erweckungserlebnis, das weniger seinen Verstand, als vielmehr sein Gefühl affiziert und folglich primär eine sinnliche Qualität habe. Diese plötzliche, sinnliche Einsicht in das Wesen von Shakespeares Kunst übersetzt Goethe in eine Lichtmetaphorik:

> Ich erkannte, ich fühlte aufs lebhafteste meine Existenz um eine Unendlichkeit erweitert, alles war mir neu, unbekannt, und das ungewohnte Licht machte mir Augenschmerzen. Nach und nach lernte ich **sehen**, und, dank sei meinem erkenntlichen Genius, ich **fühle** noch immer lebhaft, was ich gewonnen habe. (S. 225) [unsere Hervorh.]

Der Blinde ist also sehend geworden. Im Stil eines kunstreligiösen Predigers gibt er diese Erfahrung an seine Zuhörer weiter und ruft zur ‚missionarischen' Arbeit auf: „Auf meine Herren!", ruft Goethe nämlich am Ende den Straßburger ‚Glaubensbrüdern' zu, „trompeten Sie mir alle edle Seelen, aus dem Elysium, des sogenannten guten Geschmacks, wo sie schlaftrunken in langweiliger Dämmerung halb sind, halb nicht sind, Leidenschaften im Herzen und kein Mark in den Knochen haben". (S. 227) Dieser Ruf erfüllt sich offenkundig zugleich in der Rede, die damit gewissermaßen auch – oder sogar vorrangig – an sich selbst gerichtet ist. Goethe inszeniert sich als ‚Erweckten', der seit dem epiphanischen Erlebnis den ‚richtigen' Weg kennt, sprich: sich in der Spur fortbewegt, die Shakespeare vorgezeichnet hat, und folgerichtig dessen legitimer Nachfolger sei. Und bereits im Oktober und November 1771 schrieb er die erste Fassung desjenigen Stückes, mit dem diese Selbsteinschätzung nicht nur durch Herder, sondern insgesamt die literarische Öffentlichkeit bestätigt wurde: *Götz von Berlichingen.*

Zurück in die Zukunft: Die Volkspoesie

Unter dem Oberbegriff ‚Volkspoesie' sind eine ganze Reihe von Aspekten zu versammeln: so das Interesse der Stürmer und Dränger für Phänomene der Volkssprachlichkeit; ihr Augenmerk auf die Themen des einfachen ‚Volkes'; schließlich der archivarische und quasi vor-wissenschaftliche Impetus, mit dem sie die Volkslieder gesucht und gesammelt haben – die Romantik wird diese Sammlertätigkeit engagiert fortsetzen. Verknüpft sind diese Aspekte erstens durch die prinzipielle Aufwertung der Volkspoesie und zweitens durch ihre Orientierung an den Hochwertbegriffen Natürlichkeit, Ursprünglichkeit und Lebendigkeit. Und wieder ist es Mastermind Herder, der den Begriff ‚Volkslied' geprägt, die zentralen Gedanken der Bewegung zu dieser Dichtung in wünschenswerter Klarheit formuliert und die mit ihnen verbundene Zielsetzung auch noch praktisch demonstriert hat: durch seinen *Ossian*-Aufsatz, der sich ebenfalls in *Von deutscher Art und Kunst* findet, und zwei Sammlungen alter Volkslieder. Ihre Bedeutung besteht vor allem darin, dass sie maßgeblich die „Volksliedbewegung" (Erwin Kircher) auslösten und sich an ihnen überdies ein literaturpolitischer Richtungsstreit zwischen den Vertretern der Aufklärung auf der einen und des Sturm und Drang auf der anderen Seite über den Bereich der legitimen Literatur entzündete. Ästhetik und Literaturpolitik gehen hier Hand in Hand.

Der Wurf der Wilden: Herders *Auszug aus einem Briefwechsel über Oßian und die Lieder alter Völker* (1773)

In der ebenso langen wie unterhaltsamen Geschichte literarischer Fälschungen nimmt das *Ossian*-Epos sicher einen Ehrenplatz ein: 1762 hatte der Schotte James Macpherson das angeblich von dem gälischen Dichter Ossian verfasste und von ihm aus dem Gälischen übersetzte Buch *Fingal. An Ancient Epic Poem in Six Books* herausgebracht. Massive Zweifel an der Echtheit dieser ‚Ursprungsdichtung' kamen zwar schnell auf, sowohl in England als auch in Deutschland, sie konnten den Siegeszug des Textes durch Europa aber nicht verhindern – ‚Ossian' wurde geradezu zu einem Schlagwort, mit dem sich das Lebensgefühl der jungen Generation aufrufen ließ. In welchem Ausmaß dieser Text eine Erfindung Macphersons ist, ein geschickt mit den Bedürfnissen der zeitgenössischen Leser spielendes Retortenprodukt voller Nebel, Mondschein und Heldenklagen, wurde erst nach Herders Tod entdeckt.

Ironie der Geschichte ist, dass Herder ausgerechnet an dieser Fälschung seine Apologie ursprünglicher, ‚originaler' Dichtung aufhängt und alle Zweifel an der Echtheit des Ossian energisch zurückweist: „So etwas kann Macpherson unmöglich gedichtet haben! so was läßt sich in unserm Jahrhundert nicht dichten!", dekretiert er im *Briefwechsel über Ossian* (HW, Bd. 2, S. 448) Offenkundig ist hier der Wunsch Vater der Halsstarrigkeit. Aber wesentlich wichtiger als die Frage, warum Herder den ‚falschen Ton' aus dem *Ossian* nicht herausgehört hat, ist, dass er im Rekurs auf dieses Epos sein kulturpolitisches Programm verdeutlichen kann, als *wäre* es echt.

Der argumentationslogische Ausgangspunkt dieses Programms ist eine Diagnose der Gegenwartsliteratur, die verheerend ausfällt: Kraftlos und unlebendig sei die Literatur der Gegenwart, längst sei Kunst zur Künstlichkeit verkommen. Anders formuliert: Herders Zeitgenossen würden nicht mehr nach der Natur, wie etwa Homer oder Shakespeare, sondern nur noch „nach Regeln [...] arbeiten, deren wenigste, ein Genie, als Naturregeln anerkennet; über Gegenstände [...] dichten, über die sich nichts denken, noch weniger sinnen, noch weniger imaginiren läßt; Leidenschaften [...] erkünsteln, die wir nicht haben, Seelenkräfte nachzuahmen, die wir nicht besitzen" (S. 473f.). Die Wiederbelebung dieser dergestalt erstarrten Literatur sei nur durch die Rezeption authentischer Quellen wilder, d.h. unverbildeter Völker zu erreichen – der Weg soll gewissermaßen zurück in die Zukunft führen. In seiner Verherrlichung einer nicht entfremdeten, von der Identität von Kultur und Natur gekennzeichneten Phase der Menschheitsgeschichte ist Herder ganz Schüler Rousseaus, nimmt dessen Ruf ‚Zurück zur Natur!' auf. Zwar ist die Wirkung Rousseaus auf die Literatur des 18. Jahrhunderts „schwierig[] nachzuweisen und fast unmöglich in ihre Einzelelemente aufzulösen" (Wuthenow, S. 14). Aber grundsätzlich gilt: Sprechen die Stürmer und Dränger von Natur, dann sprechen sie im Sinne Rousseaus, im Sinne seiner Aufwertung der Natur als Ort unverstellter Identitätsstiftung. „Wissen Sie also", spricht Herder seinen fiktiven Briefpartner an,

> daß je wilder, d.i. je lebendiger, je freiwirkender ein Volk ist, (denn mehr heißt dies Wort doch nicht!) desto wilder, d.i. lebendiger, freier, sinnlicher, lyrisch handelnder müssen auch, wenn es Lieder hat, seine Lieder sein! Je entfernter von künstlicher, wissenschaftlicher Denkart, Sprache und Letternart das Volk ist; desto weniger müssen auch seine Lieder fürs Papier gemacht, tote Lettern Verse sein […]. (S. 452)

Ableiten lässt sich aus dieser Passage ein Set von Leitdifferenzen, entlang derer die Kommunikation über Literatur Mitte des 18. Jahrhunderts insgesamt verläuft: Natur vs. Kultur, Leben vs. Lesen, Wirklichkeit vs. Theorie – wobei Herder natürlich dem jeweils erstgenannten Begriff den Zuschlag erteilt.

Verwirklicht finden sich Natur, Leben und Wirklichkeit nun also allesamt im Werk des vermeintlichen schottischen Barden Ossian, das Ausdruck seiner „Hoheit, Unschuld, Einfalt, Tätigkeit, und Seligkeit des menschlichen Lebens" (S. 447) sei. Aber Ossian ist für Herder nur ein Beispiel unter vielen, denn Gleiches gelte auch für skaldische und nordamerikanische Gesänge oder lettische, estnische, lappländische und peruanische Lieder. All diese Texte seien nicht Produkt von Regelanwendung, sondern unmittelbarer, ungekünstelter Ausdruck der menschlichen Seele. Als Charakteristika dieser Literatur gewordenen Seelenausdrücke bestimmt Herder „Kürze, Wurf und Gang", wie er wenig später in der *Vorrede* zu den *Alten Volksliedern* bündig formulieren wird (HW, Bd. 3, S. 24). ‚Kürze' meint die Simplizität und Festigkeit der Darstellung, ‚Wurf' die Spontaneität einer sich nicht logisch entwickelnden Rede – wiederholt spricht Herder auch von ‚Sprüngen' –, und ‚Gang' schließlich den lebendigen Verlauf einer meist dialogisch inszenierten Handlung. Und alles in allem seien diese Lieder daher weniger Kunstwerk als vielmehr Naturwerk, „Geist der Natur": „Es ist kein anderer Zusammenhang unter den Teilen des Gesanges, als unter den Bäumen und Gebüschen im Walde, unter den Felsen und Grotten in der Einöde, als unter den Szenen der Begebenheit selbst." (HW, Bd. 2, S. 486f.)

Aber nicht nur andere Völker hätten eine so natürliche, volksmäßige Liedtradition zu bieten, wendet Herder den Blick von der fremden auf die eigene Literatur, sondern auch die Deutschen. „In mehr als einer Provinz sind mir Volkslieder, Provinziallieder, Bauerlieder bekannt, die an Lebhaftigkeit und Rhythmus, und Naivetät und Stärke der Sprache vielen derselben gewiß nichts nachgeben würden; nur wer ist der sie sammle? der sich um sie bekümmre?“ (S. 480) Im Modus einer rhetorischen Frage ist damit zur literaturgeschichtlichen Spurensuche aufgefordert, und einige Bündnispartner sind dieser Forderung nachgekommen. Goethe etwa sammelte während seines Straßburger Aufenthalts Volkslieder auf, wie ein Brief an Herder bezeugt, ebenso wie Lenz, der Salzmann von einem „vortrefflichen Fund von alten Liedern“ berichtet; erhalten ist diese Sammlung allerdings nicht. Vor allem ist diese Aufforderung aber als Selbstauftrag zu verstehen – den Herder auch fast zeitgleich auszuführen versuchte.

Herders *Alte Volkslieder* (1774) und der Kampf ums Lied

Schon vor der Niederschrift des *Ossian*-Aufsatzes hatte Herder die erste Idee zu einer Sammlung alter Lieder. So schrieb er Ende 1770 an seine Braut Caroline Flachsland von seinem Einfall, „mir eine kleine Sammlung der wenigen Deutschen Stücke zu machen, die mir der wahre Ausdruck der Empfindung und der ganzen Seele scheinen, wäre das nicht ein schön Gesangbuch?“ Angeregt wurde er zu diesem Plan durch den Engländer Thomas Percy, der unter dem Titel *Reliques of Ancient English Poetry* (1765) das Repertoire eines Rezitators des 17. Jahrhunderts herausgegeben hatte und damit berühmt geworden war. Aufschlussreich für Herders Intention ist die *Vorrede*, die den Zusammenhang zum *Ossian*-Essay herstellt und seine nationalliterarischen Ziele herausstreicht. Wiederum ist hier von den Prinzipien Kürze, Wurf und Gang die Rede, die er in der Literatur unzivilisierter Völker, aber auch den Dramen Shakespeares und den mündlichen Überlieferungen des niederen Volkes zu finden hofft. Unbedingt und schnell geborgen werden müssten die Schätze naturhafter Dichtung, diese „teure[n] Nationalstücke“, bevor es zu spät sei: „Nur jetzt! ruffe ich nochmals, meine Deutschen Brüder! nur jetzt! Die Reste aller lebendigen Volksdenkart rollen mit beschleunigtem letzten Sturze in Abgrund der Vergessenheit hinab! Das Licht der sogenannten Kultur, frißt, wie Krebs um sich.“ (S. 23) Und wiederum dient hier die englische Literatur als Vorbild der

Pflege nationalliterarischer Traditionen, an der sich die deutsche orientieren und aufrichten soll.

Während Herder dementsprechend mit einer Zusammenstellung von vornehmlich deutschen und englischen Liedern beschäftigt war, erschien allerdings der *Ossian*-Aufsatz und löste einerseits die schon genannte Volksliedbewegung aus, d.h. er regte Sammler und Übersetzer ebenso an wie neue lyrische Formen. Hingewiesen sei hier nur auf Bürgers *Lenore*, mit der die deutsche Ballade erneuert wurde. Andererseits rief der Aufsatz aber auch die Gegner seiner Literaturpolitik auf den Plan. Karl Wilhelm Ramler etwa, ein Horazübersetzer und Klassizist, brachte 1774 eine *Lyrische Blumenlese* heraus und schrieb im Vorwort zu dieser Anthologie auffällig viel von Fehlern, die ein Herausgeber zu beseitigen habe; der zweite Band äußert sich dann noch expliziter gegen Herder. Zudem verspottete der Historiker Schlözer die „neue Race von Theologen", die „galanten witzigen Herren, denen Volkslieder, die auf Straßen und Fischmärkten ertönen, so interessant wie Dogmatiken sind". Und der *Doyen* der Berliner Aufklärung, Nicolai, schließlich kritisierte gleich grundsätzlich die Schreibweise Herders, indem er ihm vorwarf, künstlich original sein zu wollen. Zu diesen Angriffen kamen noch ständige Verzögerungen bei der Drucklegung, so dass Herder seine Sammlung nach dem Druck nur eines Bogens vorerst verärgert zurückzog.

Dass es einige Jahre später doch noch zu ihrer Veröffentlichung kam, verdankt sich vor allem zwei Anstößen: Zum einen veröffentlichte Bürger im *Deutschen Museum* 1776 die Abhandlung *Aus Daniel Wunderlichs Buch*. Deren zweiter Teil äußerte unter der Überschrift „Herzensausguß über Volks-Poesie" den Wunsch, „daß doch endlich ein deutscher Percy aufstehen, die Überbleibsel unserer alten Volkslieder sammeln, und dabei die Geheimnisse dieser magischen Kunst mehr, als bisher geschehn, aufdecken möge" (S. 693). Und zu dieser Ermutigung, sein auf Eis gelegtes Projekt wieder aufzunehmen, gesellte sich zum anderen bald ein weiterer Angriff der Aufklärungsfraktion in Gestalt einer von Nicolai besorgten Volksliedsammlung, die schon im Titel ihre polemische Stoßrichtung verriet: *Eyn feyner kleyner ALMANACH Vol schönerr echterr liblicherr Volckslieder, lustigerr Reyen unddt kleglicher Mordgeschichte, gesungen von Gabriel Wunderlich [...]* (1777/78). Herder reagierte auf Nicolais Spott zunächst mit dem Aufsatz *Von Ähnlichkeit der mittleren englischen und deutschen Dichtkunst nebst Verschiedenem, das daraus folget* (1777 im *Deutschen Museum* veröffentlicht) indem er noch einmal auf den fundamentalen Zusammenhang zwischen Volk, Literatur und Nationalbewusstsein hinweist: „Und doch bleibts immer und ewig, daß der Teil von Litteratur, der sich aufs

Volk beziehet, volksmäßig sein muß, oder er ist klassische Luftblase. Doch bleibts immer und ewig, daß wenn wir kein Volk haben, wir kein Publikum, keine Nation, keine Sprache und Dichtkunst haben, die unser sei, die in uns lebe und wirke." (HW, Bd. 2, S. 557)

Herder machte sich also wieder an die Arbeit, und 1778/79 erschien die Sammlung dann endlich, in zwei Bänden unter den schlichten Titeln *Volkslieder. Erster Theil* und *Volkslieder. Nebst untermischten andern Stücken. Zweiter Theil.* Gegenüber der ersten Fassung hatte Herder das Spektrum der Anthologie nun noch einmal erweitert und ihren Schwerpunkt von dem volkskundlichen auf ein anthropologisches Interesse verlagert, sprich: Sie sollte nicht mehr den Volkscharakter, sondern vielmehr die „Gemeinsamkeiten menschlicher Grundbefindlichkeiten" (Karthaus, S. 147) demonstrieren. So gelang es Herder, seine Stellung als ‚Godfather of Volkslied' nachhaltig zu behaupten und der Volksliedbewegung weitere Impulse zu geben.

Literatur

Jochen **Schmidt**: Die Geschichte des Genie-Gedankens in der deutschen Literatur, Philosophie und Politik 1750–1945, Band 1, Darmstadt 1985, S. 150–192, S. 193–196

3

Die Lyrik des jungen Goethe

Der Musenalmanach auf das Jahr 1774 *versammelte das Who's Who der damaligen jungen deutschen Lyrikszene: Neben den Hauptvertretern des Göttinger Hain – Johann Heinrich Voß, Ludwig Christoph Heinrich Hölty und den Brüdern Friedrich Leopold und Christian Graf zu Stolberg – steuerte der dem Bund nahe stehende Gottfried August Bürger u.a. seine berühmte Ballade* Lenore *bei. Mit von der Partie war außerdem die Vaterfigur der Hainbündler, Friedrich Gottlieb Klopstock sowie Goethes Mentor Herder – und natürlich der künftige Dichterfürst selbst, der dort die heute nahezu unbekannten Gedichte* Der Adler und die Taube, Der Wanderer *oder* Gesang *veröffentlichte.*

Die Lyrikanthologie umfasst aber nicht nur Texte der prominentesten Autoren der literarischen Jugendbewegung, sondern sie bezeugt auch deren thematische, formale und sprachliche Vielstimmigkeit: Titel wie *Die Natur, An den Mond, Genius* (Friedrich Leopold Graf zu Stolberg), *Der Originaldichter* (Heinrich Christian Boie), *Deutschland. An Friedrich Leopold Graf zu Stolberg* (Voß), *Deutsches Lied* (Johann Martin Miller) oder *Die Liebe* (Hölty) benennen ihre zentralen Gegenstände: Natur, Kunst, Freiheit, Nation und Liebe. Formal differenziert sich das Spektrum aus in traditionelle Gedichte, die noch dem Stil der Anakreontik, des Rokoko und der Schäferdichtung folgen, in Oden und Hymnen nach Vorbild Klopstocks und in neue, an Herders Konzept der Volkspoesie orientierte Gattungstypen, wie sie in Titeln wie *Lied* (Friedrich Wilhelm Gotter) oder *Ballade* (Bürger) programmatisch anklingen. Und sprachlich changiert die Lyriksammlung im Almanach zwischen den Polen des christlich-aufklärerisch geprägten Duktus von Matthias Claudius' unter dem Pseudonym ‚Der Wandsbeker Bote' veröffentlichten Gedicht *Zufriedenheit* („Recht thun, und edel seyn und gut, / Ist mehr als Geld und Ehr", MA 1774, S. 170f.) einerseits und der expressiven Wortgewalt andererseits, die etwa Gottfried August Bürgers Ballade *Lenore* prägt.

Die Textsammlung präsentiert dementsprechend eine beeindruckende Pluralität an Stilen, Themen und Schreibweisen, gibt einen Überblick über das innovative Potential der jungen Literaten. Gerade diese Vielfalt führt aber dazu, dass sich zwar aus literatursoziologischer Perspektive ein starker Zusammenhang der Beiträger konstatieren lässt, die ästhetischen Verfahren aber keineswegs so einfach zusammenzuschauen sind. Vor allem gilt diese Einsicht für die in der Forschung notorisch diskutierte Frage nach dem Verhältnis von Sturm und Drang und Göttinger Hain, nach einer Abgrenzung zwischen diesen Gruppen unter ästhetischen Gesichtspunkten. Gerade diese Sammlung zeigt nämlich, wie durchlässig jegliche Grenzziehung ist. Beispielhaft lässt sich dieses Abgrenzungsproblem an Stolbergs Gedicht *Genius* (MA 1774, S. 227f.) belegen: Stolberg gehört zwar eigentlich zum Göttinger Hain, das Gedicht aber thematisiert die für den Sturm und Drang typische Verehrung der Natur, die den Künstler zur genialen Schöpfung inspiriert:

Du gabst, Natur, ihm Flug und den Sonnendurst!
Mir gabst du Feuer! Durst nach Unsterblichkeit!
Dieß Toben in der Brust! Dieß Staunen,
Welches durch jegliche Nerve zittert,

[...]

Du gabst mir Schwingen hoher Begeisterung,
Gefühl des Wahren, Liebe des Schönen, du!
Du lehrst mich neue Höhen finden,
Welche das Auge der Kunst nicht spähet!

Obgleich sich einzelne Dichter des Göttinger Hain offenbar an ähnlichen ästhetischen Konzepten orientiert haben wie die eigentlichen ‚Klassiker' des Sturm und Drang, und obwohl der Hainbund zeitgenössisch als Ausdruck eines modernen Lebensgefühls wahrgenommen wurde, hat die Lyrik dieser Gruppe heute ihre Strahlkraft weitgehend eingebüßt. Dies liegt unter anderem daran, dass die überwiegende Zahl der Texte, besonders was ihre „moralische Tugendlehre [...] angeht, eher dem Lyrikverständnis der Aufklärung verhaftet geblieben" (Luserke, S. 255) ist. Diese konservative Tendenz wird erst augenfällig im Vergleich mit demjenigen Lyriker, der zu *der* innovativen Kraft der Sturm und Drang-Lyrik werden sollte: Johann Wolfgang Goethe. Dass sich der Blick auf die Lyrik dieser Zeit erst nachträglich weitgehend auf seine Gedichte verengt hat, dass Texte wie *Prometheus* also nicht schon damals die Lyrik von Goethes Generationsgenossen in den Schatten gestellt haben, ist der späten Publikation einiger seiner Zentralwerke geschuldet: Sie konnten in der damaligen Öffentlichkeit schlicht deshalb keine große Resonanz entfalten, weil sie in den 1770er Jahren mehrheitlich nur im Freundeskreis kursierten. Was also den Zeitgenossen weitgehend unbekannt war, ist erst *ex post* als stilbildend für die Lyrikproduktion und Ausdruck des Lebensgefühls der gesamten Sturm und Drangperiode interpretiert worden.

Die Lyrik Goethes steht für Revolution, Aufbruch und radikalen Gefühlsausdruck. Progressiv gegenüber der Lyrik des Göttinger Hain ist bereits die kraftvolle „Unmittelbarkeit des dichterischen Einstiegs" (GH, Bd. 1, S. 2), was am Beispiel zweier Frühlingsgedichte anschaulich wird. Während der Auftakt von Höltys *Maylied* (HSW, Bd.1, S. 232–234) Distanz in den Naturempfindungen ausdrückt, sie objektiv darstellt und generalisierende Aussagen über die Liebe trifft („Alles liebet! Liebe gleitet / Durch die blühende Natur"), zelebriert Goethes *Maifest* (1771, GG, S. 30f.) die ekstatische Liebes- und Naturverehrung eines Individuums: „Wie herrlich leuchtet / **mir** die Natur"! Bereits vor Gründung des Göttinger Hainbundes schuf der junge Schriftsteller einige (wenige) Gedichte, die im Vergleich zur Lyrik seiner Generationsgenossen um ein vielfaches stärker vom Bestreben geprägt sind, herkömmliche Grenzen zu überwinden und zu neuen lyrischen Ufern aufzubrechen. Dieser Aufbruch zeigt sich *zum einen* inhaltlich, etwa in der Tendenz der Gedichte zur Vergegenwärtigung extremer subjektiver Leidenschaften. Dieses mit beinahe religiösem Pathos gefeierte Gefühl ist Ausdruck eines ich-zentrierten Menschenbildes, das die Emotionen noch radikaler ins Zentrum der Anthropologie stellt als dies die Literatur der Empfindsamkeit getan hat. Und radikal sind überdies die Selbstverwirklichungsbestrebungen dieses neuen Menschen, die sich in Liebesangelegenheiten zeigen, oder aber im Bestreben des Ichs, sich mit dem Göttlichen zu verschmelzen.

Zum anderen schlug sich die Experimentierfreude Goethes auch formal nieder, wovon besonders die Vielgestaltigkeit seines Frühwerks zeugt. Da gibt es Gedichte wie *Kleine Blumen, kleine Blätter* (ca. 1771) oder *An den Mond* (1770), die noch hörbar an Sprache und Form der Anakreontik angelehnt sind. So endet das letztgenannte Gedicht im typisch reflexiv-witzigen Rokoko-Sound:

> Dämmrung, wo die Wollust thront,
> Schwimmt um ihre runden Glieder.
> Trunken sinkt mein Blick hernieder,
> Was verhüllt man wohl dem Mond!
> Doch was das für Wünsche sind!

Voll Begierde zu genießen,
So da droben hängen müssen –
Ei, da schieltest du dich blind!
(GG, S. 20)

Daneben schrieb Goethe die von Herders Volkspoesie inspirierten *Sesenheimer Gedichte*, Kunstballaden wie *Heidenröslein* (1771) oder *Der König von Thule* (1774). Und als dritte die Frühphase Goethes prägende Form sind die pathetischen, formal an Klopstock orientierten freirhythmischen Genie-Hymnen *Wanderers Sturmlied* (1772), *Prometheus* (1773), *Ganymed* (1774) oder *An Schwager Kronos* (1774) zu nennen.

In dieser experimentellen Vielfalt veranschaulicht sich das ‚Wesen' der Sturm und Drang-Lyrik insgesamt, weil sich in ihr die zentralen poetologischen Forderungen der Jugendbewegung nach Individualität und Autonomie abbilden: Der junge Goethe macht das, worauf er Lust hat, er beugt sich keinen normativen Vorgaben, sondern jedes Gedicht trägt im Sinne der Originalpoesie seine poetische Norm in sich selbst.

Die Bandbreite der Gedichte ist also Ausdruck des dichterischen „Willens zur Autonomie und Individualität" (Wünsch, S. 19), aber dennoch lässt sich durchaus ein ‚ästhetisches' Zentrum der oft gegensätzlich anmutenden Texte beschreiben. Die Gegensätzlichkeit einerseits und das Komplementäre andererseits repräsentieren zwei ‚Textklassen', die die Pole des Spektrums der frühen Lyrik Goethes bilden: die ‚authentischen' Sesenheimer Gedichte und die ‚künstlichen' Genie-Hymnen. Die so genannte Erlebnislyrik der Sesenheimer Zeit tut so, als ob sie Gefühle und Emotionen eines autornahen lyrischen Ichs dem Leser ungefiltert mitteilt, was reflexive Momente notwendigerweise in den Hintergrund stellt. Die Hymnen hingegen sind zwar vordergründig von einer ähnlichen Erlebnisqualität geprägt wie die Lieder, aber bereits aufgrund ihrer artifiziellen Machart als mythologische Rollengedichte eindeutig als Produkt künstlerischer Reflexion zu identifizieren. Das Gegensätzliche besteht also darin, dass die eine Form genau dasjenige leistet, was die andere nicht leisten kann (vgl. Wünsch, S. 20). Der unmittelbare Erlebnisausdruck, die Inszenierung leidenschaftlicher Gefühle schließt Abstraktion und Reflexivität aus und umgekehrt. Zusammen gelesen bilden sie das System ‚Sturm und Drang' nahezu umfassend ab: In ihnen werden die wesentlichen Stilprinzipien des Sturm und Drang (Natürlichkeit, Originalität und persönliche Größe) reflektiert und gestalten sich die zentralen Themenbereiche Ich, Natur, Liebe und Kunst beinahe idealtypisch aus.

„da ging fürwahr an diesem ländlichen Himmel ein allerliebster Stern auf" – Goethes Sesenheimer Gedichte

Während seiner Straßburger Zeit begegnete Goethe mit Herder nicht nur einem Mentor, der ihn in die Welt alter Volkslieder einführte, die Begeisterung für Homer, Shakespeare und Ossian weckte, ihn mit diesen Anregungen von den „letzten Bindungen an die normative Stilistik" (GH, S. 61) befreite und insgesamt eine neue Dichtung grundlegte, die von Natürlichkeit, Unmittelbarkeit und expressivem Gefühl bestimmt war. Schon in *Fragmente einer Abhandlung über die Ode* (1764/65) forderte Herder eine Dichtung, die individuelle Empfindungen schildere und deshalb einzigartig sei. „Bei lebendigen Vorfällen in poethische Wuth zu geraten [...]: ist das Originalgenie eines Idealpoeten." (HW, Bd. 1, S. 90) Sondern im benachbarten Sesenheim begegnete ihm auch ein ‚Objekt', das Auslöser einer solchen ‚poetische Wut' wurde: die junge Pfarrerstochter Friederike Brion. Im Oktober 1770 verliebte sich Goethe für kurze Zeit unsterblich in Friederike und widmete ihr ein gutes Dutzend Gedichte, von denen einige wenige als Beginn (und gleichzeitig Höhepunkt) der Sturm und Drang-Lyrik in die Literaturgeschichte eingingen. Noch in *Dichtung und Wahrheit* wird die Intensität des ersten Treffens deutlich: „In diesem Augenblick trat sie wirklich in die Türe; und da ging fürwahr an diesem ländlichen Himmel ein allerliebster Stern auf." (HA, Bd. 9, S. 433)

Als eines dieser stilprägenden Gedichte – obgleich es als „Schwellengedicht" (Luserke, S. 260) auch traditionelle Reste enthält – kann das im Frühjahr 1771 verfasste titellose Gedicht bezeichnet werden (GG, S. 27f.), das in der überarbeiteten Fassung des Jahres 1790 *Willkommen und Abschied* (GG, S. 28f.) heißen sollte. „Der neue Lyrikstil" (GH, S. 60) wird bereits zu Beginn des Textes deutlich. Der Text setzt inmitten eines wilden Ritts zur Geliebten ein: „Es schlug mein Herz. Geschwind, zu Pferde! / Und fort, wild wie ein Held zur Schlacht". Vermittelt wird die ungezügelte Leidenschaft eines Tatmenschen, der es, um an sein Ziel zu gelangen, mit der übermächtigen Natur aufnimmt: „Die Nacht schuf tausend Ungeheuer, / Doch tausendfacher war mein Mut, / Mein Geist war ein verzehrend Feuer, / Mein ganzes Herz zerfloß in Glut."

Das Gedicht inszeniert sich also als Ausdruck physischer Bewegung und emotionaler Bewegtheit. Sein Ton ist bestimmt von einer radikalen Subjektivität, die Sprechsituation und besprochene Situation gleichermaßen prägt: Weil das Gedicht als individuelles ‚Erlebnis' konzipiert ist, weist es Ellipsen auf, wird getrieben von einer überschüssigen Energie, die sich in einer Vielzahl von Zeilensprüngen und metrischen Unregelmäßigkeiten Bahn bricht. Diese formalen Besonderheiten korrespondieren mit einem Subjektentwurf, der das Ich in den ersten beiden Strophen als Bezwinger einer als ungezähmt, dunkel und gefährlich wahrgenommenen Natur ausweist. In der dritten und vierten Strophe beruhigt sich das Ich: Es wird zum empfindsamen Liebhaber. Sprachlich wird diese ambivalente Subjektivität ausgedrückt durch die Spannung zwischen der heroischen Kriegsrhetorik der ersten beiden Strophen und der ‚milden' Liebessprache der dritten und vierten Strophe. Diese sprachlichen Variationen, der atmosphärische Bruch nach der Hälfte des Gedichtes und die sprunghafte Darstellung der Ereignisse erzeugen allerdings nicht nur den Eindruck eines subjektiven, vom unmittelbaren Gefühlserleben inspirierten Sprechens, sondern sind zugleich auch Zeichen einer künstlerisch-reflexiven Haltung. Mögen die Gedichte der Sesenheimer Zeit auch von Erlebnissen der Wirklichkeit inspiriert sein: Ihre Brüche, Ambivalenzen und Inkohärenzen entlarven die Schilderungen des Ichs immer auch als konstruierte bzw. inszenierte Erlebnisse.

Wie Erlebnisschilderung und Reflexivität in den Sesenheimer Liedern zusammenspielen, zeigt das Gedicht *Erwache, Friederike* (GG, S. 29f.). Bereits der Titel impliziert einen biografischen Ausgangspunkt, ist doch die Adressatin unschwer als Friederike Brion zu identifizieren. Das Gedicht gibt demnach vor, eine authentische Situation zu beschreiben. Das lyrische Ich beobachtet das morgendliche Erwachen der Geliebten. Verstärkt wird dieser Eindruck durch die Identität von Sprechsituation und besprochener Situation: Das Präsens suggeriert, dass Erleben und Sprechen nahezu synchron ablaufen. Was den Eindruck der Spontaneität des lyrischen Ausdrucks noch verstärkt, ist die einfache Sprache des Gedichtes: Durch seinen alltagssprachlichen Duktus wird der Eindruck des Künstlichen vermieden.

Das Gedicht indiziert demnach, dass es Resultat der unmittelbaren Erlebnisverarbeitung ist. Dass dieses vermeintlich direkte Erleben Bestandteil seiner Fiktion ist, es sich hier nur um eine ästhetische Inszenierung von Unmittelbarkeit und Natürlichkeit handelt, lässt sich am Gedicht selbst festmachen: Der Text entwirft eine selbstbezügliche Rahmung, in der die Bedingung der Möglichkeit von Kunst thematisiert wird. In der letzten Strophe heißt es:

Die Nachtigall im Schlafe
Hast du versäumt,
So höre nun zur Strafe,

Was ich gereimt.
Schwer lag auf meinem Busen
Des Reimes Joch:
Die schönste meiner Musen,
Du, schliefst ja noch.

In den Schlussversen artikuliert der Text nicht nur, dass er von der Kraft der Liebe inspirierte Dichtung ist, sondern er erhebt zudem das ästhetische Merkmal der Natürlichkeit zum stilbildenden Prinzip des Gedichts. Anders formuliert: Natur ist *die* Norm, die der Produktion des Liedes zugrunde liegt. Dieser Zusammenhang wird deutlich, wenn man die erste Strophe hinzuzieht, in der Künstler-Ich und Natur parallelisiert sind:

Erwache, Friederike,
Vertreib die Nacht,
Die einer deiner Blicke
Zum Tage macht.
Der Vögel sanft Geflüster
Ruft liebevoll,
Daß mein geliebt Geschwister
Erwachen soll.

Die Vögel und der Sprecher rufen die Geliebte in gleicher Weise an, der Gesang der Vögel und das Lied des Dichters speisen sich damit aus derselben Quelle: der Natur. Im reflexiven Modus betont das Gedicht, dass es sich keiner Kunstsprache, sondern einer originalen Natursprache bedient.

Im Gedicht *Maifest* (1771) spielt das Erleben von Natur eine besonders gewichtige Rolle, ist sie doch sowohl zentraler Redegegenstand als auch dichterische Produktivkraft. Schon die ersten beiden Verse „Wie herrlich leuchtet / **mir** die Natur!“ machen deutlich, dass ‚Natur‘ im Unterschied zu Literaturkonzepten der Aufklärung und des Göttinger Hain nicht mehr nur objektive Außenwelt ist. Wird in Höltys *Maylied* Natur als Umweltrealität objektiv beschrieben: „Durch die Blumen, durch die grünen / Kräuter, die der Sonnenschein / Übergoldet, summen Bienen / Sammeln süßen Nektar ein“ (HSW, Bd. 1, S. 232), so wird sie in Goethes Gedicht im Akt der Perzeption durch das Ich überhaupt erst erzeugt. Kern dieser individuellen Wahrnehmung in *Maifest* bildet die Einheitserfahrung zwischen Ich und Natur, die durch Personifikationen (glänzende Sonne, lachende Flur) und Parallelismen ausgedrückt wird: Wie in der Frühlingsnatur „Blüten aus jedem Zweig“, so dringen „Freud und Wonne“ aus dem menschlichen Herzen. Innere und äußere Natur sind folglich als identisch konzipiert. Verantwortlich für diese Harmonie ist die universelle Kraft der Liebe, die ein göttliches Prinzip darstellt:

> O Lieb', o Liebe,
> So golden schön
> Wie Morgenwolken
> Auf jenen Höhn,
>
> Du segnest herrlich
> Das frische Feld,
> Im Blütendampfe
> Die volle Welt!

Die Liebe wird als Gottesmacht gefeiert, die die ‚volle Welt‘ segnet und die – wie in der folgenden Strophe deutlich wird – verantwortlich ist für die Liebe zu einem Mädchen. Die erotische Liebe ist folglich Ausdruck der göttlichen Liebe, d.h. sie repräsentiert wie die Natur das Göttliche. Diese Liebe zum Mädchen animiert das lyrische Ich schließlich zur Kunstproduktion:

> Wie ich dich liebe
> Mit warmem Blut,
> Die du mir Jugend
> Und Freud' und Mut
>
> Zu neuen Liedern
> Und Tänzen gibst.
> Sei ewig glücklich,
> Wie du mich liebst.

Das Gedicht entwickelt einen Zusammenhang zwischen der Teilhabe des Individuums am Göttlichen und der Fähigkeit, Kunst zu produzieren. Wie schon *Erwache, Friederike* reflektiert es also seinen eigenen Status als Dichtung: Das Lied ist Resultat der inspirierenden Liebe – in erster Linie der Liebe zum Mädchen, die wiederum das Produkt der göttlichen, segnenden Liebe darstellt, und diese Liebe spürt das Ich in der Natur. In Kunst repräsentiert sich damit zum einen das Göttliche, womit der Text auf seine Genialität verweist, zum anderen inszeniert sich das Lied als Naturprodukt.

Die poetischen Normen ‚Natürlichkeit‘ und ‚Genialität‘, die dem vordergründig schlichten Erlebnisgedicht eine reflexive Dimension geben, finden Ausdruck in einer Sprache, die kulturell präformierte Muster zu unterlaufen versucht. Kreative Wortschöpfungen wie „Blütendampf", „Morgenblumen" oder „Himmelsduft" sollen ebenso Ausdruck dieser Natursprache sein wie die ekstatischen Ausrufe und unvollständigen Vergleiche: Gerade die elliptischen Strukturen machen deutlich, dass die Tiefe des Natur- und Liebeserlebens in konventioneller Sprache nicht auszudrücken ist. Insofern spricht sich in Goethes *Maifest* die gegenüber anderen literarischen Strömungen der Zeit kategorial gesteigerte ästhetische Radikalität aus: Schuf die Lyrik Klopstocks und des Göttinger Hains neue Ausdrucksformen, um höchste Emotionen auszudrücken, so postuliert die Literatur des Sturm und Drang, dass solche Gefühle jenseits der sprachlichen Artikulierbarkeit liegen.

„Zündkraut einer Explosion": Die Hymne *Prometheus*

Im Jahr 1785, ungefähr zehn Jahre nach seiner Entstehung, sorgte das Gedicht *Prometheus* erstmals für Aufregung. Anlass war allerdings nicht die Veröffentlichung des bis dahin nur im Bekanntenkreis kursierenden Textes durch seinen Autor, sondern seine resonanzträchtige Instrumentalisierung durch Friedrich Heinrich Jacobi: In der Abhandlung *Über die Lehre des Spinoza in Briefen an den Herrn Moses Mendelsohn* (1785), die den so genannten Spinoza- oder Pantheismusstreit auslöste, ging es knapp gesprochen darum, dem verstorbenen Gotthold Ephraim Lessing am Zeug zu flicken: Jacobi wollte Lessing als ‚Spinozist' enttarnen, was gleichbedeutend mit dem Vorwurf war, er sei Atheist gewesen. Der *Prometheus*-Text sollte diesen Vorwurf belegen, habe Lessing ihm gegenüber doch bekräftigt, dass der Standpunkt des Textes seiner eigenen Haltung entspreche. Jacobi veröffentlichte den Text, ohne Goethes Einwilligung einzuholen, und präsentierte ihn als „atheistisches Skandalon" (GH, Bd. 1, S. 107). Zum „Zündkraut einer Explosion" – wie Goethe in *Dichtung und Wahrheit* (HA, Bd. 10, S. 49) dramatisierte – wurde die Ode also erst nach Ende der Sturm und Drang-Periode. Welche Resonanz die Publikation des Textes in den 1770er Jahren ausgelöst hätte, muss folglich Spekulation bleiben: Unumstritten aber hätte *Prometheus* das Zeug gehabt, zur ‚Hymne' des Sturm und Drang zu werden: Das Gedicht drückt Auflehnung und Revolution, Leidenschaft, Kraft und Genialität aus, also sowohl das Lebensgefühl als auch zentrale ästhetische Positionen der ‚Jungen Wilden'.

Provokant ist schon die Beziehung zwischen Form und Inhalt der Hymne: *Prometheus* (GG, S. 44–46) ist nicht wie viele der berühmten Hymnen Klopstocks Lobpreis der Götter, sondern ein Spottgedicht: Respektlos wendet sich Prometheus an den Göttervater Zeus:

Bedecke deinen Himmel, Zeus
Mit Wolkendunst!
Und übe, Knaben gleich,
Der Disteln köpft,
An Eichen dich und Bergeshöhn!
Mußt mir meine Erde
Doch lassen stehn,
Und meine Hütte
Die du nicht gebaut,
Und meinen Herd,
Um dessen Glut
Du mich beneidest.

Der Text unterscheidet zwei Einflussbereiche, und zwar den von Zeus beherrschten Himmel einerseits und die Erde andererseits, die die Sprechinstanz für sich reklamiert. Dem antiken Mythos entsprechend fungiert Prometheus auf dieser Erde als Kulturschöpfer – als Erfinder des Feuers und Erbauer von Hütten. Weil diese Kulturinnovationen ihn autark machen, kann er die Götter verhöhnen:

Ich kenne nichts Ärmer's
Unter der Sonn' als euch Götter.
Ihr nähret kümmerlich
Von Opfersteuern
Und Gebetshauch
Eure Majestät
Und darbtet, wären
Nicht Kinder und Bettler
Hoffnungsvolle Toren.

Prometheus stellt die Funktion der Götter für den Menschen in Frage – und damit verbunden die Vorstellung, es gebe eine göttlich geprägte, gerechte Weltordnung. Dass gerade die vom Humanismus der Aufklärung propagierten Werte wie Trost, Mitleid sowie das eindeutig auf die Lehre des Christentums anspielende ‚Erbarmen' von ihnen missachtet werden, bringt die dritte Strophe zum Ausdruck, in der das Gedicht einen Tempuswechsel vollzieht:

Da ich ein Kind war,
Nicht wußt', wo aus, wo ein,
Kehrte mein verirrtes Aug'
Zur Sonne, als wenn drüber wär'
Ein Ohr, zu hören meine Klage,
Ein Herz wie meins,
Sich des Bedrängten zu erbarmen.

Prometheus blickt zurück auf seine Kindheit, in der er sich hilfesuchend den Göttern zugewendet hat. Damit wird auf den früheren Zustand der Unfreiheit hingewiesen, aus der er sich – so zeigen die ersten beiden Strophen – mittlerweile befreit hat. Strophe vier führt diesen Exkurs in die Vergangenheit fort, indem sie den Weg aus der Sklaverei beschreibt, also einen Emanzipationsprozess, der zur Autonomie führte.

Wer half mir wider
Der Titanen Übermut?
Wer rettete vom Tode mich,
Von Sklaverei?
Hast du's nicht alles selbst vollendet,
Heilig glühend Herz?
Und glühtest, jung und gut,
Betrogen, Rettungsdank
Dem Schlafenden dadroben?

Verantwortlich für die Selbstwerdung des Ichs sind also nicht die Götter, zu denen Prometheus als Kind um Hilfe gebetet hat, sondern das Individuum selbst: „Hast du's nicht alles selbst vollendet, heilig glühend Herz?“ Mit dem Adjektiv ‚glühend‘ stellt der Text den Bezug zur ersten Strophe, genauer: zur Schöpferkraft Prometheus‘ her. Die Erfindung des Feuers und damit der zivilisatorische Fortschritt wird gegen die Aufklärung nicht dem Verstand, sondern dem in der Literatur des Sturm und Drang wichtigsten Organ des Menschen zugerechnet: dem Herzen. Danach springt das Gedicht wieder ins Präsens. Vehement bekundet der Sprecher, dass Zeus nichts zu seiner Identitätsbildung beigetragen habe, und angesichts des Versagens des höchsten Gottes etabliert der Text die abstrakten Instanzen ‚Zeit‘ und ‚Schicksal‘, die allein Prometheus als ihm übergeordnete „Herren“ anerkennt:

Hat nicht mich zum Manne geschmiedet
Die allmächtige Zeit

Und das ewige Schicksal,
Meine Herren und deine?

Die letzte Strophe benennt dann die Konsequenz, die Prometheus aus dem Versagen der Götter zieht; er apostrophiert sich dort selbst als göttlicher Schöpfer, der Menschen bildet, die ihm gleichen:

Hier sitz' ich, forme Menschen
Nach meinem Bilde,
Ein Geschlecht, das mir gleich sei,
Zu leiden, weinen,
Genießen und zu freuen sich,
Und dein nicht zu achten,
Wie ich.

Prometheus macht den Göttern also Konkurrenz: Er schafft Menschen, die genauso autonom, tatkräftig und empfindsam sind wie er – Menschen, die auf gleicher Ebene mit ihrem Schöpfer stehen.

Der provokante Gehalt des Textes ist evident, denn Zeus ist gleichermaßen als weltliche Herrscherfigur („Majestät") konzipiert, wie er durch die Referenz auf den antiken Mythos als Gottesinstanz und Vaterfigur ausgewiesen ist. Von dieser Warte aus wendet sich das Gedicht gegen jedwede Form weltlicher, religiöser und familiärer Autoritäten, die durch ihren repressiven Machtanspruch die Selbstwerdung des Individuums verhindern. Und provokant ist überdies, dass der Text in Konkurrenz zur biblischen Schöpfungsgeschichte einen neuen Schöpfungsmythos kreiert.

Dass sich der ideologische Gehalt des Textes nicht im Sinne einer atheistischen Position gegen Gott selbst, sondern vielmehr gegen ein autoritäres Gottesbild richtet, zeigt die von Goethe selbst als Komplementärgedicht verstandene Hymne *Ganymed* (GG, S. 46f.). Wie in *Maifest* werden Ich und Natur als symbiotische Einheit präsentiert: Der Frühling drängt sich „mit tausendfacher Liebeswonne" an das Ich, seine „Blumen, [s]ein Gras / Drängen sich an mein Herz." Und wie in *Maifest* repräsentiert diese Natur das Göttliche selbst. Dies wird deutlich, wenn sich das Ich durch den Ruf der Nachtigall zu Gott hinbewegt:

Ich komme! Ich komme!
Wohin? Ach, wohin?

Hinauf, hinauf strebt's,
Es schweben die Wolken
Abwärts, die Wolken
Neigen sich der sehnenden Liebe,

Mir, mir!
In eurem Schoße
Aufwärts,
Umfangend, umfangen!
Aufwärts
An deinem Busen,
Alliebender Vater!

Die Verschmelzung mit Gott, auf die das Gedicht schließlich zusteuert, vollzieht sich in einer gegenseitigen Annäherung, womit sich in *Ganymed* ein anderes, antiautoritäres Gotteskonzept manifestiert als in *Prometheus.*

In gleicher Weise wie die Hymne *Prometheus* das Autonomiestreben des Ichs gegenüber väterlichen Autoritäten propagiert, lässt es sich auch als Rebellion gegen das Diktat ästhetischer Fremdbestimmung lesen. Insofern ist die Hymne programmatisch als poetologische Unabhängigkeitserklärung zu verstehen. Denn der Sprecher Prometheus ist in erster Linie autonomer Schöpfer des Kunstwerks, das mit der Hymne vorliegt. Gemäß der Genieästhetik schafft der Selbsthelfer und Kulturbringer Dinge aus sich selbst heraus, wobei das Resultat nicht die schlichte Reproduktion des antiken Mythos darstellt. Vielmehr kompiliert der Text mythische Versatzstücke, um daraus etwas Originelles, einen neuen Mythos zu kreieren. Triebfeder dieser Produktion ist das „heilig glühende Herz". Hier zeigt sich, dass der Impuls für dichterische Tätigkeit von den Emotionen ausgeht, was sich auch deutlich an der Struktur des Gedichtes nachzeichnen lässt. Gerade der Beginn des Textes zeigt einen Sprecher, der im höchsten Maße emotionalisiert ist. Das Gefühl, der Zorn gegenüber Zeus, bildet den Ausgangspunkt, um schöpferisch tätig zu werden. Doch das Gedicht belässt es nicht bei bloßer Emotionalität: Um Poesie zu schaffen, muss etwas hinzukommen, und zwar die Reflexion, die ab der dritten Strophe einsetzt. Auf der Inhaltsebene reflektiert Prometheus hier seinen eigenen Bildungsweg, er macht sich seine Produktivkräfte bewusst und rekapituliert, was ihn zum „Manne" gemacht hat. Diese Initiation lässt sich als Entwicklung zum Dichter lesen, der nicht nach den Vorgaben väterlicher Autoritäten dichtet, sondern seinen eigenen Weg gefunden hat. Auf die Phase der Reflexion folgt dann die letzte Phase, die zeichenhaft am Ende verhandelt wird: die eigene dichterische Schöpfung (vgl. Thomé).

Prometheus lässt sich deshalb als Schlüsseltext des Sturm und Drang begreifen, weil er die zentralen ästhetischen Prämissen der Bewegung abbildet und überdies die Geburt des ‚neuen' Menschen proklamiert.

Diese Neubestimmung folgt der Anthropologie, die das Denken der jungen Intellektuellen insgesamt prägte. Erkennen und Empfinden werden dabei als komplementäre Dimensionen begriffen: „Kein Erkennen ist ohne Empfindung" (HW, Bd. 4, S. 1090), so Johann Gottfried Herder in *Übers Erkennen und Empfinden in der menschlichen Seele* (1774): „Vom mindsten aber bis zum höchsten [Wesen] herrscht nur Ein Gesetz, das All zu repräsentieren, von Dunkelheit zur Klarheit, vom Empfinden zum Erkennen zu steigen, die beide auch Eins sind, und wo sich in Allem Eine Gottheit spiegelt." (S. 1106) Dieses Komplementär spiegelt sich sowohl in den Einzeltexten als auch im Verhältnis der auf den ersten Blick gegensätzlichen erscheinenden Sesenheimer Gedichte und der Genie-Hymnen wider: In beiden Fällen gehören Reflexivität und Empfindung eng zusammen.

Literatur

Marianne **Wünsch**: *Maifest* im literatur- und denkgeschichtlichen Kontext der frühen Lyrik Goethes. In: Sauder 1996, S. 13–24

Karl Otto **Conrady**: Zur Bedeutung von Goethes Lyrik im Sturm und Drang. In: Hinck 1989, S. 97–116

4

„Stürzt, Paläste! Stürze, Tyrann!“: Lyrik als Medium der Kritik

Die allgemeine Rede von dem revolutionären Charakter der Sturm und Drang-Literatur bezieht sich nicht oder kaum auf ihre politische Wirkungsabsicht. Vorrangig meint diese Rede nämlich die Radikalität der individuell-ästhetischen Positionen, wie sie beispielsweise die Lyrik Goethes prägt. Politisch ist an diesen Gedichten allenfalls das Private, der absolute, mit Leidenschaft vorgetragene Anspruch des Individuums auf die freie Entfaltung seiner Persönlichkeit. Das Freiheitsprinzip wird von der jungen Generation allerdings nicht nur für das Private reklamiert, sondern findet seine Entsprechung darüber hinaus in zahlreichen Gedichten in der Forderung nach kollektiver bzw. nationaler Freiheit, die sowohl die Freiheit des ‚Vaterlandes‘ nach außen als auch die Befreiung des Volkes von tyrannischen Herrschaftsstrukturen im Inneren umfasst.

Vorläufer

Die politische Lyrik des Göttinger Hain und des Sturm und Drang ist beeinflusst von einem aufkeimenden Nationalbewusstsein, das sich ab ca. 1750 in intellektuellen Kreisen verzeichnen lässt: Die „kulturelle Intelligenz“ versuchte der „regionalen Zersplitterung [...] mit der Vorstellung von einer übergreifenden Kulturnation“ zu begegnen, „an die man sich auch als Publikum wandte.“ (Wilke, S. 152) Dieses allgemeine Bedürfnis nach nationaler Identität spricht sich beispielhaft in der Flugschrift *Von dem deutschen Nationalgeist* (1765) aus, die programmatisch mit dem Satz „Wir sind ein Volk“ beginnt und eine „bis dahin nicht gekannten Politisierung der deutschen Öffentlichkeit“ bewirkte. (Burgdorf, S. 169) Literarisch artikuliert sich dieser Patriotismus in Gedichten wie *Das bedrängte Deutschland* (1755, Uz, S. 39–43) von Johann Peter Uz, in dem schon im ersten Vers die Selbstzerfleischung der Nation beklagt wird: „Wie lang zerfleischt mit schwerer Hand / Germanien sein

Eingeweide?“ Als kultureller Ursprung wird in diesem Gedicht die germanische Tradition beschworen – ein Bezugspunkt patriotischen Denkens, der auch in vielen Gedichten Klopstocks eine wesentliche Rolle spielt. Besonders mit Klopstock tritt die patriotische Dichtung in eine erste Blütezeit ein. Mit religiösem Pathos preisen seine Gedichte die deutsche Heimat, so etwa in *Mein Vaterland* (1768): „[Ich] kann es nicht mehr verschweigen, / Was in der Seele mir glüht. / [...] dir ist dein Haupt umkränzt / Mit tausendjährigem Ruhm! du hebst den Tritt der Unsterblichen, / Und gehest hoch vor vielen Landen her! / O schone mein! Ich liebe dich, mein Vaterland!“ (KO, Bd. 1, S. 297) Einher geht diese Vaterlandsliebe stets mit der Bereitschaft, für die nationale Freiheit zu kämpfen – sei es mit dem „Schwert“ oder, wie Klopstocks Gedicht selbstbezüglich verdeutlicht, mit der Kraft des Wortes.

In der Literatur des Sturm und Drang wird dieser nationale Freiheitsaspekt ergänzt um eine ‚innenpolitische‘ Kritik an sozialen Fehlentwicklungen absolutistischer Herrschaftsformen. Aufgenommen werden mit dieser Kritik grundsätzliche Überlegungen aus den Schriften Jean Jacques Rousseaus. In seinem berühmten *discours sur l'inégalité* (1755) erklärte der französische Philosoph den Ursprung von sozialer Ungerechtigkeit mit der Einführung des Privateigentums: „Der erste, der ein Stück Land eingezäunt hatte und es sich einfallen ließ zu sagen: *dies ist mein* und der Leute fand, die einfältig genug waren, ihm zu glauben, war der wahre Gründer der bürgerlichen Gesellschaft.“ (Meier, S. 73) Besitzdenken führte nach Rousseau zur Herausbildung der Ungleichheitsstufen ‚arm‘ und ‚reich‘ und, weil Kapitalakkumulation immer auch Macht bedeutet, zu einem Abhängigkeitsverhältnis zwischen Herr und Untertan. „Der Mensch ist frei geboren, und überall liegt er in Ketten“ (Rousseau, S. 5), so der deprimierende Befund des Philosophen, der die soziale Schieflage mit einem *contrat social* (1762) lösen möchte – einem Gesellschaftsvertrag, der die Ansprüche des Staates gegenüber dem Individuum genau definiert, die Schwachen vor dem Missbrauch der Elite schützt, soziale Gerechtigkeit herstellt und die Freiheitsrechte des Volkes verteidigt.

Freiheitslyrik

Nach 1770 hat das Thema Freiheit in den Gedichten der jungen Generation hohe Konjunktur. Eine Vielzahl der Texte schließt dabei unmittelbar an die Tradition der Vorgänger an: „Ich bin ein deutscher Biedermann [...]

/ Mein Aug ist blau, mein Blick ist warm […] / Für Freyheit, Gott und Vaterland / Blitzt dieser Stahl in meiner Hand“, lautet der Beginn von Gottlieb von Leons *Vaterlandslied* (1779, Leon, S. 36)), das sich als Pendant zu Klopstocks gleichnamigem Gedicht lesen lässt: „Ich bin ein deutsches Mädchen! / Mein Aug’ ist blau, und sanft mein Blick, / Ich hab ein Herz, / Das edel ist, und stolz, und gut.“ (KO, Bd. 1, S. 300) Vorbildfunktion in Sachen Patriotismus hatte Klopstock auch für viele Vertreter des Göttinger Hainbundes, die ihrem Idol in der Tendenz zur abstrakten Beschwörung deutscher Tugenden nacheiferten. Nur wenige Gedichte dieser Strömung stellen dagegen konkrete politische Bezüge her. Diese unterschiedlichen Prägungen der Freiheitslyrik des Hainbundes lassen sich exemplarisch an Friedrich Leopold Graf zu Stolbergs *Die Freiheit* (1770, DN, Bd. 50, 2: Göttinger Dichterbund III, S. 34f.) und Johann Heinrich Voß‘ *Trinklied für Freie* (1776, DN, Bd. 49: Göttinger Dichterbund I, S. 237-239) verdeutlichen. In beiden Texten wird Freiheit als göttliches Geschenk bezeichnet. So heißt es in Stolbergs Freiheitshymne: „Freiheit! Freiheit! Wir fühlen dich! / Du Wort, du Kraft, du Lohn von Gott uns!“ Diese dem Menschen geschenkte Freiheit stellt der Text im Folgenden gegen die vermeintlich göttliche Legitimation des tyrannischen Herrschers. Die Tyrannei ist Ausdruck eines fehlgeleiteten Herrschaftsmodells, das zum Einsturz gebracht werden soll: „Nur Freiheitsschwert ist Schwert für das Vaterland […] / Wie Blitz des Nachtsturms! Stürzt, Paläste! / Stürze, Tyrann, dem Verderber Gottes!“ Die Aufforderung, für die Freiheit zu kämpfen, ist in Stolbergs Gedicht zwar mit unmissverständlichem Nachdruck artikuliert. Sie bleibt aber deshalb abstrakt, weil sie sich auf keine konkrete politische Situation bezieht. Stattdessen reiht das lyrische Ich scheinbar wahllos Freiheitskämpfer unterschiedlichster Provenienz aneinander: „O Namen! Namen! festlich, wie Siegsgesang! / Tell! Hermann! Klopstock! Brutus! Timoleon!“ Das Gedicht unterscheidet nicht zwischen Klopstock, dem Kriegshelden Hermann (angespielt ist sowohl auf die mythische Gestalt Hermann, der Cherusker, als auch auf dessen Literarisierung in Klopstocks *Hermanns Schlacht. Ein Bardiet für die Schaubühne* (1769)) oder dem römischen Republikaner Marcus Iunius Brutus. Die willkürliche Reihung macht deutlich, dass das Gedicht keine ideologische Position formuliert oder gar zum aktiven Kampf aufruft. Stattdessen preist das lyrische Ich so euphorisch wie allgemein das Gefühl der Freiheit, mit dem Ziel, eine kollektive Emotion zu beschwören.

Im Unterschied zu Stolbergs Gedicht wählt Voß‘ *Trinklied* mit dem Siebenjährigen Krieg (1756–1763) einen konkreten historischen Bezugspunkt. Der Text verknüpft beide für die Lyrik dieser Zeit charakteristischen Freiheitsaspekte: Zum einen beschwört er die nationale Freiheit, die es gegen äußere Feinde zu verteidigen gilt, indem er sich auf große historische Freiheitskämpfe bezieht: „Für uns, für uns ist diese Nacht! / Für uns der edle Trank! / Man keltert' ihn, als Frankreichs Macht, / In Höchstäds Thälern sank". Und zum anderen prangert er soziale Missstände offensiv an und thematisiert damit diejenige Freiheit, die innerhalb des Landes hergestellt werden soll:

Uns weckte längst der Bräutigam
Mit wildem Jammerlaut!
Des Fürsten frecher Kuppler nahm
Ihm seine junge Braut.
[...]
Uns ächzte, nah dem Hungertod,
Der Waise bleicher Mund!
Man nahm ihr letztes hartes Brot,
und gab's des Fürsten Hund!

Als Konsequenz dieser Zustände fordert der Text in direktem Anschluss zur Rache auf: „Zur Rach' erwacht! zur Rach' erwacht / Der freie deutsche Mann! / Trompet' und Trommel, ruft zur Schlacht! / Weht, Fahnen, weht voran!" In der Schlussstrophe werden beide Freiheitskomponenten miteinander verknüpft. Der Kampf ist gewonnen, sowohl gegen die äußeren als auch gegen die inneren Feinde: „Der Rebenberg am Leichenthal / Tränkt seinen Most mit Blut! / Dann trinken wir beim Freudenmahl, / Triumph! Tyrannenblut!" In ähnlicher Weise plädiert Höltys *Lied eines befreyten Türkensklaven* (1774, Hölty, S. 157-159) für die Freiheit der Untertanen. Wird im Titel die Provokation dadurch abgemildert, dass der Text einem Opfer von Unterdrückung anderenorts eine Stimme verleiht, so sagt die Schlussstrophe jedweder Form von Tyrannei den Kampf an: „Und jedem Fürsten trink ich Fluch, / Der uns die Freyheit raubt. / Und Segen jedem Biedermann, / Aus meinem Taumelkrug, / Der wider deine Wuth, Tyrann, / Die Freyheitsfahne trug!"

Für die Befreiung von ganz Europa macht sich Christian Friedrich Daniel Schubarts *Freiheitslied eines Kolonisten* stark, das 1775 in der von ihm gegründeten Zeitschrift *Deutsche Chronik* erschienen ist. Das lyrische Ich wendet sich hier an den Leser und fordert ihn zum Kampf auf: „Hinaus! Hinaus ins Ehrenfeld / Mit blinkendem Gewehr! / Columbus, deine ganze Welt / Tritt mutig daher!" Vorbild für diesen Kampf ist Amerika, das in der Figur Israel Putnams, General im amerikanischen Unabhängigkeitskrieg, personalisiert auftritt. „Ha, Vater Putnam lenkt den Sturm, / Und teilt mit uns Gefahr. / Und leuchtet wie ein Pharusturm / Sein silbernes Haar!“ Durch die Bezeichnung ‚Vater‘ wird Putnam eine religiöse Dignität verliehen, die ihn schließlich zum Vorbild für den Freiheitskampf im versklavten Europa machen soll:

Da seht Europens Sklaven an,
In Ketten rasseln sie! –
Sie braucht ein Treiber, ein Tyrann
für würgbares Vieh,

Ihr reicht den feigen Nacken, ihr,
Dem Tritt der Herrschsucht dar?
Schwimmt her! – hier wohnt die Freiheit, hier!
Hier flammt ihr Altar!

Das in politischer Hinsicht wohl provokanteste Gedicht des Sturm und Drang ist Gottfried August Bürgers *Der Bauer an seinen Fürsten,* das im Jahre 1773 geschrieben und drei Jahre später im *Hamburger Musenalmanach* veröffentlicht worden ist. In diesem Gedicht lässt Bürger einen empörten Bauern zu Wort kommen:

Wer bist du, Fürst? daß über mich
Herrollen frey dein Wagenrad,
Dein Roß mich stampfen darf?

Wer bist du, Fürst? daß in mein Fleisch
Dein Freund, dein Jagdhund, ungebläut
Darf Klau' und Rachen haun?

Wer bist du? daß, durch Saat und Forst,
Das Hurrah deiner Jagd mich treibt,
Entathmet wie das Wild?

Die Saat, so deine Jagd zertritt,
Was Roß und Hund, und du verschlingst,
Das Brod, du Fürst, ist mein!

Du Fürst hast nicht, bei Egg' und Pflug,
Hast nie den Erntetag durchschwitzt!
Mein, mein ist Fleiß und Brod! –

Ha! du wärst Obrigkeit von Gott?
Gott spendet Segen aus! du raubst!
Du nicht von Gott! Tyrann!

In wütender, agitierender Sprache wendet sich der Bauer an seinen Vorgesetzten. Wiederholt fragt er nach der Legitimation von Herrschaftspraktiken, die die Untergebenen unterdrücken und ihnen ihre Lebensgrundlage entziehen. Schließlich mündet das Gedicht in die Schlussfolgerung, dass dieser Herrschaftsanspruch illegitim ist: Dem aufklärerischen Ideal des im göttlichen Auftrag agierenden gütigen Landesvaters wird die Realität eines gottlosen Tyrannen entgegengestellt. Dieser Protest wird in Form eines reimlosen Gedichtes präsentiert, das die spontane Emotionalität seines Sprechers darstellen will. Durch Ausrufe, Zeilensprünge und die direkte, schmucklose Ansprache des Fürsten vollzieht das Gedicht formal genau das, was inhaltlich ausgesagt wird: Auf beiden Ebenen bricht der Text mit herkömmlichen Traditionen, artikuliert sich ein Streben nach Autonomie.

Volkspoesie und Sozialkritik: Die Balladen Bürgers

Dass Lyrik im ausgehenden 18. Jahrhundert verstärkt als Mittel des sozialen Protests eingesetzt wird, ist begünstigt durch die strukturellen Veränderungen des literarischen Feldes, die wir in Kapitel 1 skizziert haben, also durch die Ausdifferenzierung des Literaturmarkts sowohl hinsichtlich der Produktions- als auch der Rezeptionsbedingungen ab Mitte des Jahrhunderts. Die fortschreitende Alphabetisierung führte zur Verbreiterung der Leserschaft, die sich nun auch vermehrt aus dem einfachen Volk rekrutierte. Parallel hierzu etablierte die Literatur neue Formen und übernahm andere Funktionen: Sie konzipierte sich nun verstärkt als autonom und die Autoren verstanden sich nicht mehr als bloßes Sprachrohr von philosophischen, religiösen oder politischen Moraldogmen. Die Strukturveränderungen eröffneten den Autoren Freiräume zur persönlichen Meinungsäußerung und neue strategische Optionen der Positionierung auf dem literarischen Markt. Einen Autortypus moderner Prägung repräsentierte beispielsweise der schon erwähnte Christian Friedrich Daniel Schubart. Erklärtes Ziel seiner Zeitung *Deutsche Chronik* sollte sein, „Politik, Literatur, Dichtkunst, Musik und bildende Künste“ (DC 1774, S. 3) miteinander zu verbinden. Insbesondere trat Schubart für das Ideal der literarischen Meinungsfreiheit ein:

> Wir Deutsche haben keine so freimütige Schriftsteller, wie die Engelländer! – Glaubs wohl, Hunger, Schmach, öffentliche Schande erwarten den, der's wagt, frei von der Brust zu schreiben. Wenn in den Stunden der Begeisterung

> uns die Freiheit einen kühnen Gedanken zuschickt, und er mit dem Flammenblicke und dem fliegenden Haare ans Pult tritt; so schleicht gleich die kalte Behutsamkeit auf den Zehen herbei, und führt ihn ganz langsam wieder zum Zimmer hinaus. (DC, 1774, S. 612)

Schubart fordert freigeistige Dichter, die die Kunst auch zur politischen Meinungsäußerung gebrauchen, denn der „Zweck der Dichtkunst sei, nicht mit Geniezügen zu prahlen, sondern ihre himmlische Kraft zum besten der Menschheit zu gebrauchen." (zit. nach Strauß, S. 282)

Eine Strategie ganz neuer Art verfolgt auch Gottfried August Bürger: In Anlehnung an Herders Konzept der Volkspoesie versucht Bürger, eine Allianz mit dem einfachen Volk zu bilden. In *Herzenausguß über Volkspoesie* (1776) inszeniert sich der aus einfachen Verhältnissen stammende Bürger als populärer Volksdichter: Das „rechte *non plus ultra* aller Poesie" seien Werke, die „den verfeinerten Weisen eben so sehr, als den rohen Bewohner des Waldes, die Dame am Putztisch, wie die Tochter der Natur hinter dem Spinnrocken und auf der Bleich, entzücken werde." (BSW, Bd. 6, S. 187) Insofern seien seine Texte im Unterschied zur elitären „Versmacherkunst [...] wahre Ausgüsse einheimischer Natur" (BSW, Bd. 6, S. 188f.), die Bürger im Vorwort zur Ausgabe seiner gesammelten Gedichte (1778) als Ausdruck eines „angeborenen Freiheitssinne" (BG, S. XXII) verstanden wissen will.

Als idealtypische Repräsentationsform der Volkspoesie begreift Bürger die Ballade ‚nordischer Prägung'. Im Zentrum dieser Gattung steht eine spannende, oft im dramatischen Modus erzählte Handlung, die in schlichter Sprache präsentiert wird. Unterstrichen wird die Volkstümlichkeit, d.h. die Nähe dieser Texte zum einfachen Volk dadurch, dass sie Elemente des Volksaberglaubens enthalten. In populärer Form behandeln die Balladen soziale Konflikte und problematisieren gesellschaftliche Werte, wie etwa die Differenz zwischen Recht und Gerechtigkeit.

Ein im Sturm und Drang vielfach bearbeitetes Thema ist der von Frauen begangene Kindsmord (vgl. Luserke, S. 218ff.), mit dem Fragen der Sexualmoral und des Missbrauchs von Frauen durch sozial höher gestellte Verführer zur Darstellung gelangen. Bürgers Ballade *Des Pfarrers Tochter zu Taubenhain* (1781, BSW, Bd. 1, S. 267–274) behandelt den Kindsmord in einem für die Ballade ‚nordischer' Prägung typischen Wechsel aus phantastischen und realistischen Elementen. Anfang und Schluss der Ballade zeigen eine ruhelos umherirrende Pfarrerstochter, die nach dem Kindsmord und ihrem eigenen Tod keine Erlösung findet: „Im Garten des Pfarrers von Taubenhain / Geht's irre bei Nacht in der Laube. / Da flüstert und stöhnt's so ängstiglich; / Da rasselt, da flattert und sträubet es sich, / Wie gegen den Falken die Taube." Kontrastiert wird diese phantastische Rahmung mit dem ‚realistischen' Mittelstück des Textes, in dem erklärt wird, wie es zu dieser Situation gekommen ist. Das Mädchen wird anfangs als „schuldlos wie ein Täubchen" bezeichnet. Von dort aus benennt die Ballade nun die am Niedergang des Mädchens Beteiligten: Schuld trägt in erster Linie der Verführer, der Junker von Falkenstein, der seine gesellschaftlich überlegene Stellung gegenüber dem „Mädel" rücksichtslos ausnutzt:

> Er schwur sich bei allem, was heilig und hehr,
> Auf ewig zu ihrem Getreuen.
> Und als sie sich sträubte, und als er sie zog,
> Vermaß er sich teuer, vermaß er sich hoch:
> „Lieb Mädel, es soll dich nicht reuen!"
>
> Er zog sie zur Laube, so düster und still,
> Von blühenden Bohnen umdüftet.
> Da pocht' ihr das Herzchen; da schwoll ihr die Brust;
> Da wurde vom glühenden Hauche der Lust
> Die Unschuld zu Tode vergiftet. – – –

Das Gedicht erzählt im weiteren Verlauf, wie der werdende Vater ihre Ehre mit Verweis auf den Standesunterschied nicht wiederherstellen will („Nur Gleiches zu Gleichem gesellet sich gut; / Sonst müßte mein Stamm sich ja schämen.") und wie die Schwangere von ihrem Vater geschlagen und aus dem Haus getrieben wird. Neben dem Junker wird also auch das Verhalten des Vaters, der gleichzeitig Repräsentant der Geistlichkeit ist, kritisiert. Das Gedicht entlarvt damit sowohl die Familie als auch die Kirche als repressiv-autoritäre Systeme, die die bestehenden Sitten- und Moralgesetze auch dort rücksichtslos anwenden, wo eigentlich Barmherzigkeit und Nächstenliebe angebracht wären. Weil der Adel verantwortungslos agiert und Kirche, Rechtssystem und Familie versagen, sieht sich das Mädchen in die Enge getrieben und tötet schließlich das neugeborene Kind. Die Ballade präsentiert dem Leser also in der Rahmung eine im christlichen Sinne schuldige Kindsmörderin und erläutert im Mittelteil dann die mildernden Umstände, die zu dieser Tat geführt haben. Der Text will auf diese Weise Empathie mit der Pfarrerstochter herstellen, ohne das christliche Moralsystem insgesamt in Frage zu stellen.

Was ihren kritischen Gehalt betrifft, ist die Ballade vom Kindsmord radikaler als *Lenore* (BSW, Bd. 1, S. 55–64), Bürgers bekannteste und überhaupt *die* „Muster- oder Programm-Ballade des Sturm und Drang"

(Karthaus, S. 173). Das Gedicht ist unter anderem von Herders Nachdichtung des Volkslieds *Sweet Williams Ghost* aus der von Thomas Percy edierten Sammlung *Reliques of Ancient English Poetry* (1765) inspiriert. Wie in der Ballade *Des Pfarrers Tochter zu Taubenhain* kombiniert Bürger reale und magische Elemente: Das Gedicht erzählt die Geschichte von Lenore, die zunächst vergeblich die Rückkehr des Geliebten Wilhelm aus dem Siebenjährigen Krieg erwartet. Bereits die ironische Referenz auf die Urheber der Katastrophe („Der König und die Kaiserin / Des langen Haders müde, / Erweichten ihren harten Sinn / Und machten endlich Friede"), die selbstgefällig über Krieg und Frieden entscheiden, signalisiert die prinzipielle Ohnmacht des Volks gegen willkürliche Entscheidungen der politischen Elite. Lenore will dieses Schicksal allerdings nicht klaglos annehmen. Während ihre Mutter die herkömmliche Position vertritt, der mutmaßliche Tod des Geliebten stelle eine göttliche Prüfung dar, argumentiert Lenore im rebellierenden Gestus des Sturm und Drang:

„Hilf Gott, hilf! Sieh uns gnädig an!
Kind, bet' ein Vaterunser!
Was Gott thut, das ist wohlgethan.
Gott, Gott erbarmt sich Unser!" –
„O Mutter, Mutter! Eitler Wahn!
Gott hat an mir nicht wohlgethan!
Was half, was half mein Beten?
Nun ist's nicht mehr vonnöten." –

Die Tochter stellt angesichts ihres Leids die göttliche Vorsehung und damit die gerechte Weltordnung insgesamt in Frage, was ihr Entschluss zum Selbstmord noch unterstreicht:

„O Mutter, Mutter! Hin ist hin!
Verloren ist verloren!
Der Tod, der Tod ist mein Gewinn!
O wär' ich nie geboren!
Lisch aus, mein Licht, auf ewig aus!
Stirb hin, stirb hin in Nacht und Graus!
Bei Gott ist kein Erbarmen."

Provokant ist überdies die für den Sturm und Drang charakteristische Liebesauffassung, die die weltliche über die göttliche Liebe stellt:

„O Mutter! Was ist Seligkeit?
O Mutter! Was ist Hölle?

Bei ihm, bei ihm ist Seligkeit,
Und ohne Wilhelm Hölle!“

Ausgelöst wird die Ablehnung Gottes durch den Verlust; durch diese menschlich nachvollziehbare Motivation versucht der Text an das Mitgefühl des Lesers zu appellieren. Auch er setzt also auf Empathie mit der Figur, was bedeutet, dass der Leser zeitweise dem Postulat von der weltlichen und göttlichen Ungerechtigkeit folgen muss. Am Ende stellt die Ballade allerdings die Ordnung wieder her. Sie wechselt zunächst in einen phantastischen Modus, indem sie schildert, wie Lenore vom toten Geliebten abgeholt wird und wie der wilde Ritt schließlich in einen Totentanz und die Belehrung Lenores durch die Geister mündet: „Geduld! Geduld! Wenn's Herz auch bricht! / Mit Gott im Himmel hadre nicht! / Des Leibes bist du ledig; / Gott sei der Seele gnädig!“ Der Text, der anfangs den Aufstand geprobt hat, endet mit einer Belehrung von Figur und Leser, die das herkömmliche christliche Moralsystem von einer transzendenten Position aus bestätigt. In dieser Argumentationsfigur dokumentiert sich exemplarisch eine grundsätzliche Ambivalenz vieler Texte des Sturm und Drang: Sie entwickeln zunächst ein kritisches Potential, das sie am Ende wieder relativieren. Rebellion und Unterordnung werden auf diese Weise gleichzeitig abgebildet.

Literatur

Jürgen **Wilke**: Vom Sturm und Drang zur Romantik. In: Hinderer 2007, S. 151–190

Gert **Sautermeister**: Das psychosoziale Geheimnis der „naturmagischen Ballade“: Eros und Gesellschaft in Texten von Bürger bis Heine. In: Garber/ Klaus 1999, S. 57–80

Goethes Briefroman *Die Leiden des jungen Werthers* (1774)

„Im Frühjahr [1772] kam hier ein gewisser Goethe aus Franckfurt“ an, schildert Christian Kestner seine ersten Begegnungen mit dem damals noch nahezu unbekannten Schriftsteller in Wetzlar, „seiner Handthierung nach Dr. Juris, 23 Jahr alt, einziger Sohn eines sehr reichen Vaters, um sich hier – dieß war seines Vaters Absicht – in Praxi umzusehen.“ (Kestner, S. 35) Und Goethe sah sich durchaus um und sammelte reichlich Erfahrungen, aber keineswegs nur auf dem Gebiet der Rechtswissenschaften, wie es der Vater im Sinn hatte. Neben den Studien verstrickte sich der „in allen seinen Affecten heftig[e]“ (Kestner, S. 37) Goethe nämlich in eine Dreiecksbeziehung, die schließlich nur durch seine Abreise aufzulösen war: Goethe, der sich bald nach seiner Ankunft mit Kestner befreundete, verliebte sich in dessen Verlobte Charlotte Buff. Ein Jahr später, er hatte von der Heirat der beiden erfahren, schrieb er seinem Freund Kestner: „Gott segn' euch denn; ihr habt mich überrascht. Auf den Karfreitag wollt' ich heilig Grab machen und Lottens Silhouette begraben.“ (HA, Briefe I, S. 145) Der Brief Goethes an Kestner findet in leicht variierter Form Eingang in den Werther*-Roman (vgl. Werthers Brief vom 20. Februar) und ist nur ein Beispiel dafür, dass der 1774 verfasste Briefroman* Die Leiden des jungen Werthers *„eng bis zur Verwechslung mit Ort, Zeit, und Menschen [seiner] Entstehungszeit verbunden“ ist (GH, Bd. 3, S. 51).*

Eine Vielzahl von Personen und Ereignissen lassen sich entschlüsseln – und sind auch entschlüsselt worden, vor allem biografische Details aus Goethes Beziehungschaos, das sich unmittelbar nach seiner Abreise aus Wetzlar fortsetzte. In Koblenz verliebte sich Goethe erneut, diesmal in die 16-jährige Maximiliane von La Roche, die wenig später Peter Anton Brentano heiratete – die Konstellation Werther, Lotte und Albert war also gleich zweifach von der Wirklichkeit inspiriert. Dass es Goethe aber nicht darum ging, einen autobiografischen Roman zu verfassen, dass *Werther* also nicht als ‚Erlebnis-' oder Schlüsselroman zu verstehen ist, wird anhand einer Rezension in den *Frankfurter gelehrten Anzeigen* (8, 1772, S. 96) deutlich. Dort forderte er bereits zwei Jahre vor der Abfassung des Romans die *literarische* Konstellation eines Jünglings, voller „Jugendkraft", „Munterkeit" und einem „empfindenden Herz", der ein Mädchen findet, dass „seiner werth" sei. „Laß die Beyden sich finden", so seine emphatische Bitte an den „Genius [...], obs solche Jünglinge geben kann?" Goethe *erfindet* also einen solch wert(h)vollen Menschen, erweitert diesen Personenentwurf um die persönliche Erfahrung der unerfüllten Liebe und verknüpft beide Dimensionen zur Leidensgeschichte Werthers. Und forciert wird dieser literarische Entwurf noch durch den tödlichen Ausgang, für den es wiederum eine Entsprechung in der Wirklichkeit gab: Goethe literarisierte den Selbstmord eines Studienfreunds, Karl Wilhelm Jerusalem (1747–1772), der ihm von Kestner in einem Brief minutiös beschrieben worden war.

In dieser Verschränkung von Fakten und Fiktion folgt der Roman dem ästhetischen Ideal seines Erfinders, „Natur und Kunst [...] durch das Leben in Berührung" (HA, Bd. 9, S. 540) zu bringen, und gestaltet in besonders authentischer Form die für den Sturm und Drang zentrale Konstellation: Ein ‚Ich' von ‚kolossalischer Größe' kämpft gegen den Rest der Welt.

„Ich kehre in mich selbst zurück und finde eine Welt": Werthers Psyche

Psychologische Plausibilität wird dieser Leidensgeschichte dadurch verliehen, dass sie überwiegend in Werthers *own words* geschrieben ist, und zwar in Briefen, die an den Freund Wilhelm adressiert sind. In einigen Strichen sei skizziert, wovon Werther diesem Freund berichtet, dessen Antworten dem Leser vorenthalten bleiben: Werther erzählt von seinem freudigen Aufbruch von zu Hause („Wie froh bin ich, daß ich weg bin!" (4. Mai 1771)) und davon, wie er Lotte kennenlernt, sie bald liebt – und von seinem untrüglichen Gefühl, dass diese Liebe auf Gegenseitigkeit beruht: „Ja ich fühle, und darin darf ich meinem Herzen trauen, [...] daß sie mich liebt!" (13. Juli 1771) Er schildert die Ankunft von Lottes Verlobtem Albert, die ihn dazu veranlasst, kurzfristig in die Stadt zu ziehen, um dort einem bürgerlichen Beruf nachzugehen „Albert ist angekommen, und ich werde gehen" (30. Juli 1771), wie seine bürgerliche ‚Karriere' scheitert und er zu Lotte und Albert zurückkehrt. Dort spitzt sich die emotionale Verfassung Werthers immer weiter zu: „Gott! bin ich strafbar, daß ich auch jezt noch eine Seligkeit fühle, mir diese glühende Freuden mit voller Innigkeit zurück zu rufen, Lotte! Lotte! – Und mit mir ist's aus! Meine Sinnen verwirren sich." (17. Dez. 1771) Diese Leidenschaft – so der fiktive Herausgeber, der danach das Erzählen übernimmt, um die „lezten merkwürdigen Tage unsers Freundes" zu erzählen – stört zunehmend die häusliche Ruhe, „hatte den Frieden zwischen Alberten und seiner Frau allmählig untergraben". (LdjW, S. 97) Als Werther im Anschluss an eine gemeinsame Lesung der Gesänge Ossians Lottes „zitternde [...] Lippen mit wüthenden Küssen" bedeckt, eskaliert die Situation. „[I]n ängstlicher Verwirrung, bebend zwischen Liebe und Zorn sagte sie: Das ist das leztemal! Werther! Sie sehn mich nicht wieder." (LdjW, S. 113) Werther besorgt sich daraufhin Pistolen und erschießt sich an seinem Schreibtisch.

Anders als dieser knappe Handlungsabriss vermuten lässt, ist der tödliche Ausgang allerdings nicht in erster Linie durch die unerfüllte Liebe zu Lotte motiviert. Vielmehr liegt er in der herausragenden Persönlichkeit Werthers begründet, die der Text schon vor seiner ersten Begegnung mit Lotte und dann in der Zeit seiner Berufstätigkeit konturiert. Ein zentrales Merkmal dieser Persönlichkeit ist eine starke *Emotionalität*, die sich besonders in der Wahrnehmung der Natur manifestiert. Für Werther spiegelt sich die Erhabenheit der Natur in seiner Seele, er empfindet die Welt um ihn herum als „Geliebte[]" und fühlt, wie im Angesicht der Täler, Bäche und Wälder die „Gegenwart des Allmächtigen" in seiner Seele wiederklingt. Dieser empfundene Dreiklang von Gott, Natur und Ich bringt Werther an den Rand der emotionalen Belastbarkeit: „Mein Freund – Aber ich gehe darüber zu Grunde, ich erliege unter der Gewalt der Herrlichkeit dieser Erscheinungen." Angedeutet ist zu diesem frühen Zeitpunkt bereits, dass Werther unter seinen sinnlichen *Eindrücken* leidet, weil er sie nur ungenügend zum *Ausdruck* bringen kann: „ach könntest du das wieder ausdrücken, könntest du dem Papier das einhauchen, was so voll, so warm in dir lebt." (10. Mai 1771)

Zum eigentlichen Problem wird diese Seelenkonstellation aber erst in Konfrontation mit der bürgerlichen Gesellschaft. Werther fühlt sich von ihren Regeln eingeengt, sieht seine „forschenden Kräfte" (22. Mai 1771) durch soziale Konventionen „ungenutzt vermodern [...]: Ach das engt all das Herz so ein." (17. Mai 1771) Dieser Fremdbestimmung durch die *Kultur* setzt Werther die Autonomie der absoluten *Natur* entgegen:

Allein sie sei „unendlich reich“, während die bürgerlichen Regeln das „wahre Gefühl von Natur und den wahren Ausdruk derselben zerstören!“ (26. Mai 1771) Zu Beginn des Romans geht Werther der Gesellschaft deshalb aus dem Weg, versucht sich „allein an die Natur zu halten“, denn nur sie bilde den großen Menschen. (26. Mai 1771) Zum Konflikt zwischen dem *Natur-Ich* und der *Kultur* kommt es, als Werther in der Stadt den Posten des Gesandtschaftssekretärs annimmt. Was ihn dort am meisten „nekt, sind die fatalen bürgerlichen Verhältnisse“, die ihm „im Wege stehen, wo ich noch ein wenig Freude, einen Schimmer von Glük auf dieser Erden geniessen könnte.“ (24. Dez. 1771) Werther sieht sich als Opfer einer Gesellschaftsordnung, die den Verstand zum höchsten Prinzip erklärt, den Menschen einseitig auf seine Talente reduziert. Über einen Vertreter dieser Haltung schreibt er im Brief vom 9. Mai 1772: „Auch schäzt er meinen Verstand und Talente mehr als dies Herz, das doch mein einziger Stolz ist, das ganz allein die Quelle von allem ist, aller Kraft, aller Seligkeit und alles Elends. Ach was ich weis, kann jeder wissen. – Mein Herz habe ich allein.“

Existentiell wird dieser Konflikt zwischen Herzens- und Verstandesanthropologie, als er mit Lotte eine Bekanntschaft macht, die sein „Herz näher angeht.“ (16. Juni 1771) Lotte wird in die Handlung eingeführt als fürsorgende Schwester, die sich an Stelle ihrer verstorbenen Mutter um die Geschwister kümmert, überdies ist sie verlobt – und keine dieser beiden Rollen stehen für sie nach der Begegnung mit Werther zur Disposition. Jeder normale Mensch hätte aus diesem Umstand die richtigen Schlüsse gezogen, nur Werther eben nicht, für ihn steht sein Herz und damit seine Identität auf dem Spiel. Im Paradigma des prinzipiellen Gegensatzes zwischen *Ich* und *Gesellschaft* unterscheidet der Roman zwei gegensätzliche Liebesmodelle. Weil Werther ‚Liebe‘ im Allgemeinen und die Liebe zu Lotte im Besonderen als göttliche Naturkraft empfindet, kann es für ihn keine andere Frau geben. Im Unterschied zu diesem absoluten Liebesentwurf ist die Haltung Lottes eher pragmatischer Art, für sie sind Gefühle offensichtlich auf zwei Männer aufteilbar. Der Text impliziert jedenfalls, dass sie Albert liebt: „Und doch – wenn sie von ihrem Bräutigam spricht mit all der Wärme, all der Liebe, da ist mir’s wie einem, der all seiner Ehren und Würden entsezt, und dem der Degen abgenommen wird.“ (13. Juli 1771) Und ihre Gefühle für Werther zeigen sich im Anschluss an die *Ossian*-Lektüre, wo es heißt: „Und mit dem vollsten Blik der Liebe auf den Elenden eilte sie ins Nebenzimmer, und schloß hinter sich zu.“ (LdjW, S. 113)

Die Liebesgeschichte fügt sich demnach ein in die prinzipielle Konstellation des Textes: Der Persönlichkeit Werthers steht eine Ordnung entgegen, die den Anspruch des Einzelnen nach bedingungsloser Autonomie dort in die Schranken verweist, wo er gegen kollektive Werteprinzipien verstößt und den sozialen Frieden stört. Dieser Gegensatz kann auch im Akt des Selbstmordes nicht aufgelöst werden, den Werther bereits im Brief vom 22. Mai 1771, knapp einen Monat vor der Bekanntschaft mit Lotte, als buchstäblich letzten Ausweg beschreibt.

> Wer [...] in seiner Demuth erkennt, wo das alles hinausläuft, der so sieht, wie artig jeder Bürger, [...] auch der Unglükliche unter der Bürde seinen Weg fortkeicht, [...] der ist still und bildet auch seine Welt aus sich selbst, und ist auch glüklich, weil er ein Mensch ist. Und dann, so eingeschränkt er ist, hält er doch immer im Herzen das süsse Gefühl von Freyheit, und daß er diesen Kerker verlassen kann, wann er will.

Dass der Selbstmord als *ultima ratio* im Kampf um menschliche Selbstbehauptung – als letzte Möglichkeit, den weltlichen „Kerker" in einem autonomen Akt zu verlassen – von der Gesellschaft abgelehnt wird, zeigt ein Gespräch mit Albert, in dem Werther den Suizid als heroischen Befreiungsakt feiert:

> Du nennst das Schwäche! ich bitte dich [...]. Ein Volk, das unter dem unerträglichen Joche eines Tyrannen seufzt, darfst du das schwach heissen, wenn es endlich aufgährt und seine Ketten zerreißt." Im Gegensatz zu Werther formuliert Albert die aufklärerische Position, dass der Freitod ein Zeichen von Schwäche ist, denn es sei leichter zu sterben, „als ein qualvolles Leben standhaft zu ertragen. (12. August 1771)

Die radikale, weil in der damaligen Zeit tabuisierte Position Werthers zeigt aber nicht nur den Dissens zwischen ihm und dem Bürgertum. Darüber hinaus ist sie Ausdruck der Hybris eines Menschen, der sich mit Gott auf gleicher Stufe wähnt: Die Selbsterhebung Werthers wird deutlich, wenn er Gott vor dem Suizid um Vergebung bittet: „Zürne nicht, daß ich die Wanderschaft abbreche, die ich nach deinem Willen länger aushalten sollte. Die Welt ist überall einerley, [...] mir ist nur wohl, wo du bist, und vor deinem Angesichte will ich leiden und geniessen." (30. Nov. 1772) Werther stilisiert sich hier also zum Wiedergänger Jesu Christi – eine provozierende Selbststilisierung, die schon in der Anspielung des Titels auf die ‚Leiden Christi' anklingt und sich dann in den Briefen Werthers mit der Übertragung religiöser Symbole und Topoi auf seine Geschichte fortsetzt.

Die Darstellung der Leidensgeschichte in Briefen: Zur Form des Romans

Mit Werther stellt Goethe einen neuen Menschentypus ins Zentrum seines Romans, dessen Subjektivismus eine formale Entsprechung in einer besonderen Variante der Gattung ‚Briefroman' findet. Diese Gattung wurde in Deutschland von Samuel Richardsons Erfolgsromanen *Pamela. Virtue Rewarded* (1740) und *Clarissa* (1748) sowie Jean Jacques Rousseaus Bekenntnisroman *Joulie ou La Nouvelle Héloise* (1761) angeregt und ab Mitte des 18. Jahrhunderts besonders im Zuge der Empfindsamkeit zunehmend populärer. Prädestiniert ist der ‚Roman in Briefen' dafür, Gefühle und Haltungen von Personen scheinbar ungefiltert zur Sprache bringen zu können, ohne den aufklärerischen Erziehungsauftrag preisgeben zu müssen. In zeittypischer Weise verbindet beispielsweise Sophie von La Roches *Geschichte des Fräuleins von Sternheim* (1771) das Erleben und Fühlen der Protagonistin mit der Tugendlehre der Aufklärung. Bereits in der Vorrede hebt der Herausgeber zum einen die unverstellte Authentizität hervor, mit der die Briefe Einblick in das Herz der Hauptfigur geben. Zum anderen betont er „die moralische Nützlichkeit" dieses Textes, mit dem er hoffe, „Weisheit und Tugend – die einzigen großen Vorzüge der Menschheit, die einzigen Quellen einer wahren Glückseligkeit – […] zu befördern." Dieses Literaturkonzept, das Gefühl und Verstand miteinander verbindet, findet formalen Ausdruck in der *dialogischen* Gestaltung des Romans. Abgedruckt sind nämlich nicht nur die Briefe der titelgebenden Hauptfigur, sondern auch Antwortbriefe sowie weitere Briefwechsel. Dieses multiperspektivische Verfahren bietet die Möglichkeit, subjektiv-emotionale Sichtweisen durch objektive, vernünftige Perspektiven zu relativieren.

Goethe fügte der Tradition des empfindsamen Briefromans nicht einfach nur ein weiteres Werk hinzu, sondern entwickelte sie vielmehr im Sinne der Sturm und Drang-Poetik weiter. Im Gegensatz zu La Roches Roman etablieren die Briefe Werthers eine *monologische* Kommunikation, geben ausschließlich Auskunft über die Sichtweise des Protagonisten, während sich Gegenpositionen nur vereinzelt, gefiltert durch die Brille Werthers rekonstruieren lassen. Diese Gestaltung des Briefromans verfolgt eine im Vergleich zur Empfindsamkeit neue kommunikative Strategie. Es geht augenscheinlich nicht darum, das Verhalten Werthers moralisch zu bewerten, sondern darum, dass der Leser den ‚Leidenschaften' des Protagonisten im Akt der Lektüre bedingungslos folgt. Dieses neue

Ziel literarischer Kommunikation wird vom Herausgeber einleitend folgendermaßen formuliert:

> Was ich von der Geschichte des armen Werthers nur habe auffinden können, habe ich mit Fleiß gesammlet, und leg es euch hier vor, und weis, daß ihr mir's danken werdet. Ihr könnt seinem Geist und seinem Charakter eure Bewunderung und Liebe, und seinem Schicksaale eure Thränen nicht versagen.
> Und du gute Seele, die du eben den Drang fühlst wie er, schöpfe Trost aus seinem Leiden, und laß das Büchlein deinen Freund seyn, wenn du aus Geschick oder eigner Schuld keinen nähern finden kannst.

Der Text richtet sich also vorrangig an Gleichgesinnte, die den Leiden der Figur nachfühlen sollen. Das Buch soll dem Leser auf diese Weise zum „Freund" werden, womit eine Bedeutung des *Werther*-Romans für den Leser vorgesehen ist, wie sie die Bücher innerhalb der Fiktion für die Hauptfigur haben.

„Klopstock!" Werther als emphatischer Leser

Im Brief vom 26. Mai 1771 entwirft Werther ein Literaturkonzept, das der Poetologie seines Erfinders Goethe entspricht:

> [Die Natur] allein ist unendlich reich, und sie allein bildet den großen Künstler. Man kann zum Vortheile der Regeln viel sagen, ohngefähr was man zum Lobe der bürgerlichen Gesellschaft sagen kann. Ein Mensch, der sich nach ihnen bildet, wird nie etwas abgeschmaktes und schlechtes hervor bringen […]; dagegen wird aber auch alle Regel, man rede was man wolle, das wahre Gefühl von Natur und den wahren Ausdruk derselben zerstören!

Wie der Dichter Goethe in der Rede *Zum Schäkespears Tag* wendet sich der Leser Werther gegen das aufklärerische Diktat der Regeln und fordert eine Kunst, die sich an der *Natur* orientiert. Mit Werther hat Goethe demnach gewissermaßen einen Idealrezipienten für sein Literaturprogramm geschaffen. Gute Literatur zeichnet sich für diesen neuen Lesertypus nicht dadurch aus, dass sie in ästhetischer oder moralischer Hinsicht gut gearbeitet ist, sondern vielmehr dadurch, dass sie seine Persönlichkeit anspricht. Über einen empfindsamen Moderoman schreibt er:

> Weis Gott wie wohl mir's war, mich so Sonntags in so ein Eckgen zu sezzen, und mit ganzem Herzen an dem Glükke und Unstern einer Miß Jenny Theil zu nehmen. […] Doch da ich so selten an ein Buch komme, so müssen sie

> auch recht nach meinem Geschmakke seyn. Und der Autor ist mir der liebste, in dem ich meine Welt wieder finde, bey dem's zugeht wie um mich. (16. Juni 1771)

Die Wahl der Lektüre wird (wie die Wahl von Freunden) geleitet vom individuellen Geschmack, den emotionalen Bedürfnissen und den Lebensumständen des Lesers. Kaum verwundern kann angesichts der außergewöhnlichen Persönlichkeit Werthers, dass er nur schwer Bücherfreunde findet. Denn Voraussetzung für diese Freundschaft ist der emotionale Gleichklang zwischen dem Dichter und der Individualität des Lesers, das verbindende Element dieser beiden Kommunikationsinstanzen ist die Natur. Werther beklagt den Mangel an solchen Naturdichtungen, „der Strom des Genies“ breche nur selten aus, brause nur selten in „hohen Fluthen“ herein und erschüttere die „staunende Seele“. (26. Mai 1771)

Nur folgerichtig ist daher, dass er zwar ein passionierter Leser, aber kein Vielleser ist – im Gegenteil: „Du fragst, ob Du mir meine Bücher schikken sollst? Lieber, ich bitte dich um Gottes willen, laß mir sie vom Hals.“ (13. Mai 1771) Seinen persönlichen ‚Kanon‘ genialer Texte beschränkt Werther zunächst auf *seinen* Homer, der später von den Gesängen des *Ossian* „verdrängt“ wird. Und als Vorbild für eine geniale und lebensnahe Dichtung, die Werthers Natur vollständig anspricht, fungiert die Literatur Klopstocks, der bzw. die Werther Gefühlserlebnisse besonderer Art beschert:

> Wir traten an's Fenster, es donnerte abseitwärts und der herrliche Regen säuselte auf das Land, [...] sie sah gen Himmel und auf mich, ich sah ihr Auge thränenvoll, sie legte ihre Hand auf die meinige und sagte – Klopstock! Ich versank in dem Strome von Empfindungen, den sie in dieser Loosung über mich ausgoß. Ich ertrugs nicht, neigte mich auf ihre Hand und küßte sie unter den wonnevollsten Thränen. Und sah nach ihrem Auge wieder – Edler! hättest du deine Vergötterung in diesem Blikke gesehen, und möcht ich nun deinen so oft entweihten Nahmen nie wieder nennen hören! (16. Juni 1771)

Bemerkenswert an dieser Szene ist, dass die Nennung des Dichters Klopstock ausreicht, um die mit der Lektüre verbundene Gefühlswelt zu aktualisieren, Emotionen auszudrücken, die offenbar über die Alltagssprache nicht mitgeteilt werden können. Dies macht im Sinne Werthers die Genialität eines Dichters und seiner Dichtung aus, die ihren symbolischen Ausdruck im Gewitter findet. Die Schöpferkraft Gottes wird mit der empfindsamen Dichtung des Schriftstellers Klopstock verknüpft, was den Dichter zum Schöpfergott, seine Dichtung zur Naturgewalt stilisiert.

Die Prinzipien literarischer Kommunikation, wie sie das Klopstock-Beispiel verdeutlicht, werden über das Vorwort des Herausgebers auf den Gesamttext übertragen: Der Paratext setzt den *Leser des Romans* zum *Leser* Werther in ein Verhältnis der Homologie. Werther verhält sich genau so, wie es der Text seinem Leser eingangs vorschlägt: Er ist ein emphatischer und empathischer Leser, folgt der Geschichte nicht reflexiv, sondern emotional, oder wie Werther diese Lektürehaltung in scheinbar direkter Leseransprache formuliert: „Laßt uns denn sehen […], wie es dem Menschen zu Muthe seyn mag, der sich entschließt, die […] Bürde des Lebens abzuwerfen, denn nur in so fern wir mit empfinden, haben wir Ehre von einer Sache zu reden." (12. August 1771)

Diese mitfühlende Rezeption gelingt allerdings nur in Ausnahmefällen. Sie ist beschränkt auf wenige geniale Werke, die als Naturdichtungen die ‚wahre Natur' des Lesers anzusprechen vermögen. Über das Vorwort attestiert sich der *Werther* diese Qualität selbst und rückt sich damit in den erlesenen Kreis von ‚Kult'-Texten wie den *Ossian* oder die *Odyssee*. Auf der Grundlage dieser exzeptionellen Einzelfälle inszeniert er sich als göttlich inspirierte Naturdichtung, die den Status des Besonderen, den die Figur Werther in der erzählten Geschichte einnimmt, auch dem Roman als ästhetischem Produkt zuschreibt. Er wird über die Paratext-Text-Relation zum literarischen Ereignis stilisiert, das sich vom literarischen Mainstream fundamental abgrenzt.

Rezeption

Der *Werther* präsentiert sich also nicht nur als innovatives ‚Originalwerk', sondern plädiert auch für eine neue Lesekultur und buchstabiert damit insgesamt das Literaturkonzept des Sturm und Drang aus. Erwartungsgemäß stieß dieses Konzept nicht bei allen professionellen Lesern auf Begeisterung: Die Rezeption differenzierte sich aus in solche Reaktionen, die gegen den Roman für die Bewahrung der aufklärerischen Begriffe von Tugend und Nützlichkeit plädierten, und solche, die die häretischen, gegenaufklärerischen Positionen des Textes begrüßten.

Als Gegenentwürfe zu Goethes Roman lassen sich eine Reihe von künstlerischen Reaktionen verstehen. Der Publizist Ernst August Anton von Göchhausen (1740–1824) etwa veröffentlichte 1776 anonym den Roman *Das Werther-Fieber, ein unvollendetes Familienstück*, in dem die Konsequenzen einer allzu gefühligen Lektüre dargestellt werden: Die Leserin, unfähig zwischen Fiktion und Realität zu unterscheiden, infiziert sich mit dem titelgebenden ‚Werther-Fieber' – in diese Formel wurde in der Folge vielfach die Gefahr gefasst, dass Lesen krank machen könne. Bereits ein Jahr zuvor schon hatte Friedrich Nicolai (1733–1811) seine literarische Replik *Die Freuden des jungen Werthers* veröffentlicht, eine Art ‚Alternativ-Werther', der im Gegensatz zum Original das Konzept einer nützlichen Literatur profilierte. Goethe konterte diese Attacke mit einem *Stoßgebet*, das er im März 1775 an Nicolai schickte: „Vor Werthers Leiden, / Mehr noch vor seinen Freuden / Bewahr uns, lieber Herre Gott!" (zit. nach Rothmann, S. 80)

Ähnlich wie diese so genannten ‚Wertheriaden' argumentierten auch zahlreiche Rezensenten, die einen schädlichen Einfluss des Textes auf seine Leser befürchteten. Ein besonders scharfes Urteil war am 21. März 1775 in den *Freywilligen Beyträgen zu den Hamburgischen Nachrichten aus dem Reiche der Gelehrsamkeit* zu lesen: Der Roman habe „keinen andern Zweck [...], als das Schändliche von dem Selbstmorde eines jungen Witzlings, den eine närrische und verbotene Liebe [...] zu dem Entschlusse gebracht [hat], sich die Pistole vor den Kopf zu setzen, abzuwischen, und diese schwarze That als eine Handlung des Heroismus vorzuspiegeln [...]." (zit. nach Rothmann, S. 137) Aufklärer wie Lessing, Mendelssohn oder Lichtenberg konnten zwar der Ästhetik des Textes durchaus etwas Positives abgewinnen, kritisierten aber den Mangel an ‚Vernunft', der die Geschichte über weite Strecken präge. Wodurch dieser Mangel verursacht ist, erklärt Christian Grave in *Der Philosoph für die Welt*. Grave findet den „Charakter des jungen *Werthers* [zwar] äußerst interessant", hält es aber für „Unrecht, die spitzfindigsten Scheingründe *für* die That mit aller Stärke der Beredsamkeit vorzutragen, indeß die wahren Gründe *dawider* übergangen oder ungeschickt verfochten wurden." Grave als Fürsprecher der geläufigen Lesekultur fehlt also eine aufklärerische Instanz, die die Eskapaden der Figur in vernünftige Schranken verweist und dem Leser damit eine klare Werteorientierung gibt.

Von Goethes Bündnisgenossen Heinse, Lenz, Bürger, Voss oder Karl Philipp Moritz hingegen wurde der Text, ganz im Duktus des Sturm und Drang, euphorisch gefeiert. Christian Daniel Schubart schreibt im Dezember 1774 in der *Deutschen Chronik*:

> Da sitz ich mit zerfloßnem Herzen, mit klopfender Brust, und mit Augen, aus welchen wollüstiger Schmerz tröpfelt, und sag Dir, Leser, daß ich eben *die Leiden des jungen Werthers* von meinem lieben *Göthe* – gelesen? – Nein, verschlungen habe. Kritisiren soll ich? Könnt ichs, so hätt ich kein Herz. Göttin

> Critica steht ja selbst vor diesem Meisterstücke des allerfeinsten Menschengefühls aufgebaut da. [...] – Ein Jüngling, voll Lebenskraft, Empfindung, Sympathie, Genie, so wie ohngefähr Göthe, fällt mit dem vollen Ungestümm einer unbezwinglich haftenden Leidenschaft auf ein himmlisches Mädgen. [...] Diesen simplen Stof weiß der Verfasser mit so viel Aufwand des Genies zu bearbeiten, daß die Aufmerksamkeit, das Entzücken des Lesers mit jedem Briefe zunimmt. [...] Er, Er steht im Vorgrunde, scheint aus der Leinwand zu springen, und zu sagen: Schau, das bin ich, der junge leidende Werther, dein Mitgeschöpf! so mußt ich volles irdenes Gefäß am Feur aufkochen, aufsprudeln, zerspringen. – [...] Kauf's Buch, und lies selbst! Nimm aber dein Herz mit! – Wollte lieber ewig arm seyn, auf Stroh liegen, Wasser trinken, und Wurzeln essen, als einem solchen sentimentalen Schriftsteller nicht nachempfinden können.

Augenfällig ist, dass die Rezension genau jenem Lektüreverständnis folgt, das die Herausgeberfiktion des *Werther* profiliert. Die moralische Dimension des Textes spielt für Schubart keine Rolle, wesentliches Kriterium ist für ihn der emotionale Gehalt der Geschichte, der geradezu eine Sogwirkung entfaltet: Der Leser Schubart fühlt sich nicht von oben belehrt, sondern in die Dichtung hineingezogen. Und noch etwas ist bemerkenswert an Schubarts Rezension: Im Gegensatz zu den zahlreichen Kritikern, die moralische Maßstäbe aus der außertextlichen Wirklichkeit an den Briefroman anlegen, begreift Schubart die Geschichte als erfundenen „Stof" – als eine Fiktion, die „der Verfasser" mit „viel Aufwand des Genies" bearbeitet hat, um die Aufmerksamkeit des Lesers zu erregen. Auch hierin drückt sich im Vergleich zu den aufklärerischen Besitzstandswahrern ein anderes Literaturverständnis aus: Der Literatur wird ein Eigenwert zuerkannt, der unabhängig von moralischen Maßstäben in der Wirklichkeit existiert.

Literatur

Martin **Andree**: Wenn Texte töten. Über Werther, Medienwirkung und Mediengewalt. München u.a. 2006

Katja **Mellmann**: Das Buch als Freund – der Freund als Zeugnis. Zur Entstehung eines neuen Paradigmas für Literaturrezeption und persönliche Beziehungen, mit einer Hypothese zur Erstrezeption von Goethes „Werther". In: Friedrich/Jannidis/Willems 2006, S. 201–241

Uwe **Wirth**: Die Geburt des Autors aus dem Geiste der Herausgeberfiktion: editorale Rahmung im Roman um 1800: Wieland, Goethe, Brentano, Jean Paul und E.T.A. Hoffmann. München 2008

6

Der große Mann als Modernisierungsverlierer: Goethes *Götz von Berlichingen mit der eisernen Hand* (1773)

Folgt man Goethes in diesem Fall wohl recht zuverlässiger Erinnerung in Dichtung und Wahrheit, *schrieb er im November und Dezember 1771 in nur sechs Wochen die erste Fassung des* Götz: *„ohne Plan und Entwurf, bloß der Einbildungskraft und einem innern Trieb" folgend und „ohne weder rückwärts, noch rechts, noch links zu sehn" (HA, Bd. 9, S. 571). Diesem rauschhaften, geradezu geniehaft erscheinenden Schreibprozess waren allerdings gründliche historische und juristische Recherchen während seiner Straßburger Zeit vorausgegangen. So las Goethe Johann Daniel Schöpflins Studie* Alsatia Ilustrata Celtica Romana Francica *(1751–1761), die ihm half, sich „gar manchen Traum der Vorzeit" (Ebd., S. 477) auszumalen, sowie eine Reihe von Standardwerken zur Rechtsgeschichte des Deutschen Reiches. Zudem wurde er durch Herder auf Julius Mösers im April 1770 im* Osnabrücker Intelligenzblatt *erschienene Abhandlung* Von dem Faustrechte *aufmerksam gemacht, in der die „Zeiten des Faustrechts in Deutschland" als diejenigen entworfen werden, in denen „unsere Nation das größte Gefühl der Ehre, die mehrste körperliche Tugend und eine eigne Nationalgröße gezeiget hat". Und Goethe las die Autobiographie des historischen Götz (um 1480–1562), die 1731 unter dem Titel* Lebens-Beschreibung des Ritters Götz von Berlichingen, Zugenannt mit der Eisernen Hand *erstmals erschienen war. Mit diesem Lebensbericht aus der Zeit der Raubritter hatte er einen Rahmen gefunden, in den sich die angesammelten historischen Details einbetten ließen. „Ich dramatisire die Geschichte eines der edelsten Deutschen," schreibt Goethe am 28. November 1771 an Salzmann, „rette das Andencken eines braven Mannes […]."*

Von den Fakten zur Fiktion

Sehr eng aber hält sich Goethe bei der Dramatisierung nicht an seine epische Vorlage, er entnimmt ihr gerade einmal ein paar wörtliche Entlehnungen und einige Episoden, die das damalige Leben veranschaulichen. Überhaupt entstand aus dem thematisch und historisch weitgespannten Quellenstudium kein sich penibel an überlieferte Fakten haltendes Schauspiel. Im Gegenteil, Goethe schrieb alle geschichtlichen Konstellationen um, die nicht in seine Konzeption passten. Auf reine Faktenhuberei zielt der *Götz* also nicht ab, sondern vielmehr darauf, durch die Fiktionalisierung der wahren Fakten eine ‚höhere Wahrheit' abzubilden. Anders gesagt: Im Historischen soll sich das Gegenwärtige spiegeln und dabei an einer exemplarischen Figur und ihrem Schicksal Goethes *Geschichtsbild* und sein Begriff *historischer Größe* sichtbar werden. Mit diesem Ziel stellt er sich in die Tradition Shakespeares bzw. genauer: seines Shakespeare-Bildes, wie es in der Rede *Zum Schäkespears-Tag* gezeichnet ist. Im Sinne der Rede geht es Goethe darum, wie das Vorbild Shakespeare ein Welttheater zu geben, in dem alles um den Punkt kreist, „in dem das Eigenthümliche unsres Ich's, die prätendirte Freyheit unsres Wollens, mit dem nothwendigen Gang des Ganzen zusammenstösst". Und mehr noch: Mit dem *Götz* wird die Fehde gegen die „Herrn der Regeln" Ereignis, von der die Rede spricht, und so lässt sie sich „fast eine Art Vorrede zum Götz" (Neuhaus, S. 85) nennen.

Der endgültige Ausbruch dieser Fehde verzögerte sich aber noch eine Weile, weil Goethe die von der Forschung *Ur-Götz* genannte Erstfassung nach der Kritik einiger Freunde und vor allem Herders noch einmal „von Schlaken gereinigt" hat, wie er an Herder schreibt; um einer „höheren Einheit" (HA, Bd. 9, S. 571) willen hat er also Szenen gestrichen und Passagen gekürzt. Im Juni 1773 brachte Goethe das Stück schließlich mit der Unterstützung Mercks unter dem Titel *Götz von Berlichingen mit der eisernen Hand. Ein Schauspiel* im Selbstverlag und auf eigene Kosten heraus. Auch nach der Umarbeitung barg es noch genügend provokatorisches Potential, der Fehdehandschuh war den Vertretern der Aufklärung gleichsam hingeworfen – und er wurde aufgenommen, wie wir sehen werden.

Der Fehdehandschuh ist hingeworfen: Zu Form und Inhalt des *Götz*

Dass und wie der *Götz* den ‚kerkermäßig ängstlichen' aristotelischen Einheiten ‚entsagt', macht ihn zum Initiations- und Modelldrama des Sturm und Drang; nahezu alle anderen Dramen der Strömung werden ihm in formaler Hinsicht weitgehend folgen. ‚Entsagt', oder nüchterner, aufgegeben wird zunächst die Einheit des Ortes: Im schnellen Wechsel zwischen häufig sehr kurzen Szenen springt das Schauspiel zwischen weit entlegenen Orten hin und her, gleich eingangs von einer Herberge in Franken zu einer Herberge irgendwo „im Wald", dann auf Götz' Burg Jagsthausen, in den bischöflichen Palast zu Bamberg und zu einer Reihe weiterer Schauplätze. Genau durchzählen lassen sie sich allerdings nicht, weil gelegentlich unklar bleibt, ob „derselbe Ort bei verschiedener Bezeichnung oder ob verschiedene Orte bei gleicher Bezeichnung gemeint" sind (Karthaus, S. 89). Dieser Vielzahl an Spielorten entspricht das Figureninventar der Tragödie. Über fünfzig Personen aus allen Ständen treten im Verlauf der Handlung auf, vom Kaiser bis zu Zigeunern, wobei auch diese Zahl sich nicht genau bestimmen lässt, da einige summarisch benannte Gruppen in Szene gesetzt werden (u.a. „Bauern" und „Heilbronner Bürger") und wiederum nicht immer erkennbar ist, ob es sich beispielsweise bei einem in einer Szene agierenden „Fräulein" um das „Kammerfräulein" Adelheids in einer anderen Szene handelt. Markant weicht dieses umfangreiche Personentableau von den Konventionen des zeitgenössischen Theaters ab. Zum Vergleich: Das Personenverzeichnis von Lessings Bürgerlichem Trauerspiel *Emilia Galotti* führt gerade einmal zehn Personen und „einige Bediente" auf. Für die Bühnen der Zeit war der *Götz* daher fast unspielbar und wurde zwar 1774 uraufgeführt und stand auch danach noch zuweilen auf dem Spielplan, entfaltete seine Wirkung aber vorrangig als Lesedrama.

Aufgegeben ist im *Götz* überdies die Einheit der Zeit. Statt sich innerhalb von nur 24 Stunden abzuspielen, wie es die aristotelische Norm verlangt, erstreckt sich die Handlung nach der Rechnung von Meyer-Benfey über zumindest „ein paar Monate" (S. 80f.). Genauer lässt sich auch diese Dimension des Textes nicht angeben: Denn Goethe löst die historischen Orientierungspunkte aus ihrer Verankerung auf dem Zeitstrahl und rückt sie ohne Angabe von Jahreszahlen nah zusammen, namentlich Berlichingens Fehde gegen Nürnberg (1512), seine Inhaftierung in Heilbronn (1519–22) und den Bauernkrieg (1525). Zudem stellt er aus dramaturgischen Gründen vereinzelt die Chronologie der Realgeschichte um, indem er beispielsweise Kaiser Maximilian *nach* Götzens Heilbronner Haft auftreten lässt, obwohl das historische Vorbild bereits 1519 gestorben ist, und der fiktive Götz stirbt irgendwann während der Bauernkriege, dessen faktualer Vorgänger hingegen nimmt noch in den 1540er Jahren an den Feldzügen Karls V. teil und verbringt dann einen gemütlichen Lebensabend. So weit, so kompliziert. Aber damit noch nicht genug: Neben dieser schon kaum rekonstruierbaren äußeren Zeit gibt es in Goethes dramatischem Debüt außerdem noch eine gewissermaßen innere bzw. organische Zeit, „ablesbar an den Chronometern der Menschenleben" (GH, Bd. 2, S. 89): In den wenigen Handlungsmonaten der Tragödie wird Götz vom tatkräftigen Kämpfer zum gebrechlichen Greis, sein Sohn Karl vom Jungen zum Mönch und der anfangs juvenile Wirtssohn Georg zu einem seiner kämpferischsten Gefolgsleute. Mit Volker Neuhaus lässt sich hier von einer „wie im Zeitraffer beschleunigten Entwicklung" sprechen, in der das „rasende Vorwärtsstürzen der Zeit an den ‚Wendepunkten der Geschichte' auf der Bühne Gestalt an[nimmt], das den am Überkommenden Festhaltenden, den Stehengebliebenen umbarmherzig zurückläßt, bis er sich ‚selbst überlebt' hat." (Ebd., S. 89f.)

Die Einheiten von Ort und Zeit legen der Einbildungskraft im *Götz* damit offenkundig keine Fesseln an. Mit der Einheit der Handlung verhält es sich hingegen komplizierter: Während die Struktur des *Ur-Götz* durch eine große Zahl mehr oder minder für sich stehender Episoden geprägt ist, so präsentiert sich die überarbeitete Fassung tektonisch wesentlich straffer organisiert und nähert sich zumindest in dieser Hinsicht dem traditionellen Theater wieder einen Schritt an. Dementsprechend lässt sich der Aufbau des Stücks weitgehend mit den schematischen Kategorien analysieren, die Gustav Freytag in *Die Technik des Dramas* (1863) für das klassische Drama (re)konstruiert hat. Eine knappe Handlungsskizze soll dies verdeutlichen.

Der erste Akt bietet die *Exposition*, indem er die Zentralfigur Götz vorstellt sowie seine Fehde mit dem Bischof von Bamberg erläutert, und er enthält mit der Nachricht, dass sich der einstige Jugendfreund Weislingen in der Nachbarschaft aufhält, das *erregende Moment* der Gesamthandlung. Weislingen, mittlerweile Gefolgsmann des Bischofs, wird gefangen genommen, gegen sein Ehrenwort wieder freigelassen – und das Unheil nimmt seinen Lauf. Kann dieser Auftakt mit dem klassischen Terminus ‚Spiel' belegt werden, so gehört der zweite Akt zum ‚Gegenspiel' und bringt dabei eine *steigende Handlung* zur Darstellung: Weislingen lässt sich am Bamberger Hof von der so schönen wie machtbesessenen Witwe Adelheid dazu verleiten, den Kaiser gegen Götz aufzuwiegeln.

Dies gelingt im dritten Akt, der mit dem Kampf der kaiserlichen Truppen gegen Götz und seiner Niederlage *Klimax* und *Peripetie* der Handlung markiert. Im vierten Akt wird Götz aufgrund des Einschreitens seines Schwagers Sickingen dann gegen den Schwur, die Fehde gegen Bamberg zu beenden, auf die heimatliche Burg Jagsthausen entlassen – eine *fallende Handlung* mit *retardierendem Moment*, wie es sich gehört. Der fünfte Akt schließlich führt unaufhaltsam in die *Katastrophe:* Götz lässt sich überreden, seinen Schwur zu brechen und sich an die Spitze des ausgebrochenen Bauernaufstands zu setzen (dies ist übrigens eine Erfindung Goethes), wird im Kampf schwer verwundet, überwältigt und zum Tode verurteilt. Während Weislingen an dem Gift stirbt, das ihm Adelheid durch seinen Knappen Franz beibringen lässt, und diese wiederum von einem Femegericht zum Tod verurteilt wird, stirbt Götz nach der Nachricht vom Tod seines Knappen Georg im Kerker.

Allerdings lassen sich nicht alle Szenen in diesen pyramidalen Handlungsbogen integrieren, es finden sich auch in der Druckfassung noch Episoden, die dramatisch-narrativ nicht notwendig, aber im Sinnzusammenhang des Textes bedeutsam sind. Um nur ein Beispiel für diese handlungslogisch isolierten und dennoch sinnbildenden Szenen anzuführen: So begegnet Götz gleich in der zweiten Szene des ersten Aktes dem Klosterbruder Martin, der im weiteren Verlauf der Tragödie keine Rolle mehr spielen wird. Das Gespräch zwischen den beiden Männern ist aber insofern wichtig für das Verständnis des Gesamttextes, als es sowohl die Bedeutung der eisernen Hand klärt als auch den Gegensatz zwischen Passivität (Martin) und Aktivität (Götz) etabliert, der das strukturbildende Zentrum des Textes darstellt. In dieser und einer Reihe aus dramaturgischer Perspektive vergleichbar für sich stehender Szenen triumphiert gewissermaßen die neue Idee einer höheren Einheit über die Idee des klassischen Dramas.

Neuartig ist schließlich die Sprache des Stücks. Goethe lässt seine Figuren in einer radikal ungebundenen Rede sprechen, die sich teils an Luthers Bibelübersetzung und die Biographie Berlichingens, teils an das ihm aus Kindheitstagen vertraute, altertümlich klingende oberdeutsche Idiom anlehnt. Als erstes historisches Drama ebnete der *Götz* damit die Differenz zwischen Vergangenheit und Gegenwart sprachlich nicht ein, sondern stellt sie gerade aus – und folgerichtig war es das erste deutsche Theaterstück, das in Kostümen und nicht in französischer Hoftracht gespielt wurde. Dabei zielte Goethe aber nicht auf einen Naturalismus *avant la lettre* ab, sondern vielmehr darauf, die Eigenart der Zeit in einer ‚natürlichen' Sprache Gestalt annehmen zu lassen. Diesem Ziel entsprechend spricht jeder Stand im *Götz* seine eigene Sprache, die allesamt historisch nicht korrekt, aber individualisierend sind. Das berühmteste Beispiel für diese Form der Natürlichkeit ist sicher Götz' derbes ‚Angebot' an den Hauptmann der Belagerungstruppen im dritten Akt: „er kann mich im Arsch lecken." In nur sechs Worten charakterisiert sich hier der vormoderne Kraftkerl.

Der „notwendige Gang des Ganzen" und die Freiheit des Einzelnen – Götz als Modernisierungsverlierer

In seiner frühen Monographie hat Meyer-Benfey den *Götz* als die „ungeheuerlichste und frechste Geschichtsfälschung" inkriminiert, „die jemals unternommen worden ist" (S. 95). Wie sehr er mit diesem Urteil an Goethes Geschichtsinteresse vorbeischrieb, haben wir schon angedeutet. Nicht um einen historischen Verismus ist es Goethe zu tun, sondern darum, wie Meyer-Benfey in *Dichtung und Wahrheit* hätte nachlesen können, „das Symbol einer bedeutenden Weltepoche" abzuspiegeln, die einen „Wendepunkt der Staatengeschichte" darstellt (HA, Bd. 10, S. 170). Dieser Verdichtung von Geschichte im Symbol ist die Behandlung aller Fakten untergeordnet, im Sinne einer symbolischen Ordnung sind sie arrondiert. Und mit der Rede *Zum Schäckespears Tag* noch einmal präzisiert: Mit der Tragödie *Götz von Berlichingen* im Allgemeinen und der Figur Götz von Berlichingen im Besonderen soll symbolisch veranschaulicht werden, wie die „prätendirte Freiheit" des Einzelnen, seine Individualität mit dem „notwendige[n] Gang des Ganzen", d.h. mit der Geschichte im Epochenumbruch kollidiert.

Diesem Schreibprogramm gemäß kreist die gesamte Tragödie um den großen Menschen Götz und sein Schicksal, bildet er das Gravitationszentrum, um das alle Handlungsstränge kreisen. Selbst in Szenen, in denen er nicht auftritt, ist er in Gesprächen gegenwärtig. Und notwendig folgt aus Goethes moderner, geschichtsphilosophischer Tragödienkonzeption, dass der Protagonist Götz nicht einen Antagonisten, nur einen Gegenspieler hat. Stattdessen wendet sich gewissermaßen *die Geschichte* gegen ihn, in vielen Gestalten und Entwicklungen, und bewirkt letztlich seinen Untergang. Am Ende triumphiert niemand über ihn – seine Gegner Adelheid und Weislingen sind ja ebenfalls tot, – sondern, wie Götz erkennt, „es ist alles zusammen". Er hat sich im Wandel der Zeiten einfach überlebt und stellt, mit Norbert Elias gesprochen, einen Prototyp des Modernisierungsverlierers dar.

Gleich Götz' erster Auftritt bezeichnet sowohl seine Größe als auch das Anachronistische und Gefährdete an ihr. *Einerseits* erkennt ihn der Klosterbruder dort als Retter der Unterdrückten, den „die Fürsten hassen, und zu dem die Bedrängten sich wenden". Und mehr noch als diese Rolle eines Heilsbringers oder überhaupt seine gesellschaftliche Stellung ist es die Aura gewaltiger, prometheischer Größe, die ihn auszeichnet. So formuliert Bruder Martin nach Götz' Abgang geradezu andächtig: „Wie mir's so eng ums Herz ward, da ich ihn sah. Er redete nichts, und mein Geist konnte doch den seinigen unterscheiden. Es ist eine Wollust, einen großen Mann zu sehn." Wie Erwin von Steinbach in dem Aufsatz *Von deutscher Baukunst* erscheint er damit als „Gesalbter Gottes", sprich: als Genius. Wie von Steinbach ein Genie der Kunst, so ist Götz ein Genie der Tat. Anders gesagt: Schafft der geniale, individuelle Künstler seine Werke nach eigenen Gesetzen, so lebt und handelt Götz autonom. *Andererseits* bildet sich in der – immerhin titelgebenden – eisernen Hand zeichenhaft seine Verletzlichkeit und Versehrtheit ab. Nicht vollständig beraubt ist er durch diese eiserne Hand seiner Handlungsfähigkeit, sie ist „im Kriege nicht unbrauchbar", wie er dem Mönch erläutert. Aber sie ist vorrangig Symbol bzw. Reliquie einer vergangenen Zeit. Die Prothese markiert, dass das Faustrecht, für das Götz steht, nicht mehr natürlich, sondern gleichsam künstlich ist, und zwar deshalb, weil sich während des Dramas über seinen Kopf hinweg ein neues Recht durchsetzt.

Dieses neue Rechtssystem wird im Ersten Aufzug in einer Diskussion am Bamberger Hof erläutert, und wie ausführlich dies geschieht, verdeutlicht die Bedeutung der rechtshistorischen Dimension im Sinnzusammenhang des Textes. Der Doktor der Rechte Olearius preist dort die neue Gesetzessammlung als „Buch aller Bücher", die das alte Faustrecht außer Kraft setzt. Zweierlei ist an diesem Rechtssystem wichtig: erstens, dass es sich um ein schriftlich fixiertes Recht handelt, und zweitens, dass es sich aus einer fremden Rechtsordnung speist. So kritisiert Olearius, dessen Name bezeichnenderweise eine latinisierte Form seines ‚natürlichen' Namens Öhlmann ist, die Frankfurter Schöffen dafür, der „Römischen Rechte unkundig" zu sein:

> Man glaubt, es sei genug, durch Alter und Erfahrung sich eine genaue Kenntnis des innern und äußern Zustandes der Stadt zu erwerben. So werden, nach altem Herkommen und wenig Statuten, die Bürger und die Nachbarschaft gerichtet.

Genau dies würde allerdings nicht reichen, führt Olearius weiter aus, um Rechtssicherheit zu gewährleisten, denn: „Der Menschen Leben ist kurz, und in einer Generation kommen nicht alle Casus vor. Eine solche Sammlung vieler Fälle von vielen Jahrhunderten ist unser Gesetzbuch. [...] [A]lles bestimmen die Gesetze; und die Gesetze sind unveränderlich."

Die praktischen Auswirkungen dieses von Olearius theoretisch erläuterten neuen Rechts veranschaulicht das Drama am Ende des zweiten Aktes in einer Szene, die nur locker in das Handlungsgefüge integriert ist und gerade dadurch ihre Bedeutung demonstriert. Auf einer Bauernhochzeit wird Götz von dem Rechtsstreit zweier Bauern um ein Stück Land erzählt, der an „die acht Jahre" dauerte, durch die gelehrten „Perucken" ein „Geldspiel", also eine große Summe gekostet und am Ende nicht einmal ein brauchbares Urteil gebracht hat. Die Lösung des Konflikts bietet erst die ‚Eingebung' des einen Bauern, dem anderen seine Tochter zur Frau zu geben – eine quasi natürliche Lösung. „Geh' aber wie's will, prozessieren tu ich mein Tag nit mehr", lautet entsprechend das abschätzige Urteil über das neue Recht, das nicht auf die deutsche Lebenswirklichkeit abgestimmt ist.

Das starre Recht muss Götz, der an eine lebendige mündliche Tradition glaubt, so unverständlich wie diesen Bauern bleiben. Aus dieser Perspektive könnte man die gesamte Handlung des *Götz* auf die Formel bringen: In dem schrittweisen Freiheitsverlust von Götz versinnbildlicht sich die Ausweitung des neuen Rechtssystems. Um die Stationen der zunehmenden Einengung von individueller Freiheit kurz abzuschreiten: Zu Beginn der Tragödie kann sich Götz noch fast vollkommen frei durch ‚seine' Welt bewegen, die eigentlich schon nicht mehr seine ist. Dann allerdings wird er zunehmend zum Gejagten, der auf die militärischen Operationen der kaiserlichen Truppen gegen ihn reagieren muss. Nach der Niederlage und der Verbannung auf seine Burg ist er sogar zum „Müßiggang" gezwungen und damit aus seinem „Kreise geruckt", darf nicht mehr handeln, wie es seine Bestimmung ist. Dass ihm diese „Beschränkung" erst von „Tag zu Tag enger" und schließlich zu eng wird, zeigt sich dann im Bauernaufstand, der ihn wortbrüchig werden lässt: Götz muss quasi naturgemäß schuldlos schuldig werden, weil er in die neue Welt nicht passt. Und folgerichtig wird er für diese Schuld mit einer weiteren Einschränkung seines Bewegungsspielraums bestraft, nun auf einen Garten am Gefängnis: „Wie wohl ist's einem unter deinem Himmel. Wie frei! Die Bäume treiben Knospen und alle Welt hofft." Aber selbst dieser Platz bleibt ihm nicht: Götz stirbt mit dem doppelten Ausruf „Freiheit! Freiheit", und Elisabeth kommentiert: „Nur droben bei dir. Die Welt ist ein Gefängnis."

Geradezu idealtypisch für den Sturm und Drang wird am Ende die Erfüllung der Freiheitssehnsucht vom Diesseits ins Jenseits verschoben.

Am Ende des Dramas ist nicht nur Götz untergegangen, sondern gleichsam das ganze kaiserliche Reich, für das er sinnbildlich steht. „Unsere Bahn geht zu Ende", sagt er entsprechend, als er von der letzten Krankheit des Kaisers hört. In der heraufziehenden bürgerlichen Gesellschaft ist kein Platz mehr für Helden, für individuelle Größe, was sich zeichenhaft auch daran zeigt, dass Götz nur einen Sohn hat – der historische Götz hatte gleich zehn Kinder –, der verzärtelt ist, nicht einmal einen rohen Apfel essen mag und schließlich Mönch wird: Die Traditionslinie der Helden bricht mit Götz ab. Gewinner im Kampf der Systeme ist also diejenige Gesellschaftsform, unter der die Stürmer und Dränger leiden wie ihr ‚Vorgänger' Götz, eine Gesellschaftsform, die Individualität und Autonomie verhindert.

Aber dieser Defätismus ist nicht das letzte Wort des Stückes, ebenso wenig wie die passende Klage von Götz' Schwester Maria: „Wehe dem Jahrhundert, das dich von sich stieß!" Denn der letzte Satz des Dramas lautet: „Wehe der Nachkommenschaft, die dich verkennt!" Der ‚Nachkomme' Goethe verkennt Götz gerade nicht, sondern setzt ihm mit seinem Text vielmehr ein Denkmal. Dies betont das Drama dadurch, dass es gleich im dritten Satz in offensichtlicher Selbstbezüglichkeit heißt: „Erzähl das noch einmal, vom Berlichingen", und dass nur wenige Zeilen später noch dringlicher insistiert wird: „Ich bitt dich erzähl's doch noch einmal!" So ergibt sich quasi eine Kreisstruktur: Das Ende des Textes beugt sich an den Anfang zurück und erklärt ihn. Aber damit nicht genug: Mit der literarischen Verlebendigung von Götz opponiert Goethe gegen jene Gesellschaft, an der seine Figur zugrunde gegangen ist. So wird sein Text gleichsam zum textlichen Analogon der Götzschen Taten, anders gesagt: Die individuelle Struktur des Dramas und die individuelle Persönlichkeit seines Protagonisten, also die bewussten Verstöße des Autors gegen das kanonische Regelwerk und Götz' Widerstand gegen das neue Gesellschaftssystem, spiegeln sich ineinander.

Die zeitgenössische Rezeption

Goethe will mit seinem Drama folglich wie sein Protagonist handeln und, wie er in einem Brief an Merck markig verkündet, „diesen Philistern/Critickastern und ihren Geschwistern […] seinen Arsch zum Fenster hinaus" weisen. Und auf diese Weise ist die Tragödie von den Zeitgenossen auch verstanden worden, was sowohl die massive Entrüstung der

Aufklärer als auch die vorbehaltlose Begeisterung der Stürmer und Dränger erklärt. In der Fehde um den *Götz*, die praktisch zeitgleich mit seiner Veröffentlichung einsetzte, bildeten die Vertreter der Aufklärung allerdings keine geschlossene Front, sondern teilten sich vielmehr in zwei Lager auf. Lessing etwa bekundete in einem Brief – und die Briefkultur ist im 18. Jahrhundert ja konstitutiver Teil der literarischen Öffentlichkeit –, das Stück habe ihm „äußersten Ekel" bereitet, und Sulzer teilte dem Schweizer Parteigänger der Aufklärung, Bodmer, angewidert mit, er habe das „verworrene und verwirrende Schauspiel nicht bis ans Ende aushalten können". Gegenüber dieser radikalen Ablehnung reagierten die Aufklärer Wieland und Christian Heinrich Schmid im *Teutschen Merkur* ambivalenter. Schmid monierte in seiner sehr ausführlichen Besprechung zwar, dass in dem Stück „alle drei Einheiten auf das grausamste gemißhandelt werden", konzediert aber die überwältigende Wirkung des Stückes: „ehe wir uns versahen, waren wir wieder mitten im Taumel der Empfindung, und alle Regeln, selbst der Vorsatz zu kritisieren, verschwanden wie Schattenbildungen vor dieser kräftigen Sprache des Herzens." Auf dieses Eingeständnis, dass Goethes Drama die Barrieren der Aufklärungsästhetik niedergerissen habe, folgen dann umständliche Rationalisierungsversuche für diese physische Erfahrung, bis nur noch das Lob für ein Sujet stehenbleibt, für das Goethe den „lebhaftesten Dank aller deutschen Patrioten" verdiene. Vergleichbar argumentiert Wieland in einer Fußnote zu dieser Rezension, die das Stück als „schönes Ungeheuer" charakterisiert und es nur als Vorstufe zu „wahren Meisterstücken" wie Lessings *Emilia Galotti* gelten lässt: Auch Goethe werde im Zuge seiner Entwicklung zur künstlerischen Reife einsehen, „daß Aristoteles am Ende doch recht habe, daß seine Regeln sich vielmehr auf Gesetze der Natur als auf Willkühr, Convenienz und Beyspiele gründen". Sowohl die Argumentationsfiguren Schmids und Wielands als auch der Bezug auf das Vorbild Lessing machen deutlich, dass „hier Rückzugsgefechte der Aufklärung ausgetragen werden" (Huyssen, S. 139).

In gleichsam einem Ton sangen hingegen Goethes Bündnisgenossen das Lob des *Götz* und wiesen dabei die aufklärerische Trennung von Form und Inhalt zurück. So schrieb etwa Bürger an Boie eine vor Kraftausdrücken strotzende Eloge: „Ich weiß mich vor Enthusiasmus kaum zu lassen. Womit soll ich dem Verfasser mein Entzücken entdecken? Den kann man doch den deutschen Shakespeare nennen, wenn man einen so nennen will." Wie das englische Vorbild sei Goethe nämlich der „Natur gehorsamer als der tyrannischen Kunst", sei in seinem Kunstschaffen „Frei! Frei! Keinem untertan als der Natur!" Eine Rezension müsste also lauten, ruft Bürger martialisch und ganz im Sinne Goethes aus, indem er Autor und Figur kurzschließt:

> Wenn der Exekutionszug der Journalisten an den freien, kühnen Verfasser dieses originalen Meisterstücks seinen Trompeter absenden, die ihn für einen Rebellen gegen die Kritik erklären und auffordern lassen, sich auf Gnad' und Ungnade zu ergeben, so müßte er das antworten, was er seinen Ritter durchs Fenster dem feindlichen Herold zurufen läßt: Vor Ihrer Kais. Majestät der wahren Kritik hab ich den schuldigen Respekt, aber ihr Geschmeiß könnt mich allzusammen im – –!

Und Lenz ging sogar noch einen Schritt weiter, indem er in offenkundiger Nähe zu Goethes Shakespeare-Rede eine neue Ästhetik der Einfühlung forderte, die erst die angemessene Rezeption dieses Geniestreichs ermöglichen würde: „Samt und sonders ahmt Götzen erst nach, lernt erst wieder denken, empfinden, handeln, und wenn ihr euch wohl dabei befindet, dann entscheidt über Götz!"

Aber nicht nur in dieser literaturkritischen Debatte dokumentiert sich die ungeheure Wirkung des *Götz*, sondern auch in der Vielzahl an Ritterstücken, die unmittelbar auf ihn folgten. Otto Brahm hat immerhin 38 solcher Dramen aus den Jahren zwischen 1775 und 1811 aufgespürt, die sich sowohl durch die Wahl des Sujets als auch viele Einzelzüge leicht erkennbar an Goethes Tragödie anlehnen. Und auch international erzeugte der *Götz* eine erhebliche Resonanz, allerdings indirekt und erst mit einiger Verzögerung: Ausgelöst wurde sie durch Sir Walter Scott, der die Tragödie 1799 trotz mangelnder Deutschkenntnisse übersetzte und ihr wesentliche Impulse für sein Romanwerk verdankte – das dann wiederum eine Flut historischer Romane auslöste. Damit, urteilt Benedetto Croce, stellt der *Götz* den „Beginn des dichterischen Historismus in Europa" dar (zit. nach Kindermann, S. 159).

Mit nur einem veröffentlichten Theaterstück war Goethe also schlagartig zum tonangebenden Dichter der jungen Generation aufgestiegen, eine Stellung, die er mit dem ein Jahr nach dem *Götz* erschienenen *Werther* noch festigen sollte.

Literatur

Volker C. **Dörr**: Johann Wolfgang Goethe, „Götz von Berlichingen mit der eisernen Hand. Ein Schauspiel" (1773). In: Emig/Staengle 2004, S. 14–25

Winfried **Woesler**: Rechts- und Staatsauffassungen in Goethes ‚Götz von Berlichingen'. In: Plachta/Woesler 1997, S. 105–120

Lenz oder Die Geburt des Milieudramas aus dem Geiste des Sturm und Drang

Jakob Michael Reinhold Lenz galt lange als Zeit als Inbegriff eines literarischen Talents, das sich nach vielversprechenden Anfängen im ‚Brausen und Gären' des Sturm und Drang nicht zur künstlerischen Reife, zur Klassik habe läutern können. Noch 1977 muss Lenz in Benno von Wieses panoramatischer Sammlung Deutsche Dichter des 18. Jahrhunderts *„das tragisch scheiternde Genie neben dem großartigen Gelingen Goethes" (Einleitung, S. 27) geben. Nachhaltig geprägt hat diese Einschätzung Goethes Lenz-Bashing in* Dichtung und Wahrheit, *das Person wie Werk gleichermaßen trifft. Lenz habe zwar Talent, urteilt Goethe dort, das aus „wahrhafter Tiefe, aus unerschöpflicher Produktivität" hervorging, ein Talent allerdings, das „bei all seiner Schönheit, durchaus kränkelte" (HA, Bd. 10, S. 8). Deshalb, erklärt Goethe den ehemaligen Mitstreiter Lenz dann mit großer literaturpolitischer Geste zum erledigten Fall, sei dieser „als ein vorübergehendes Meteor […] nur augenblicklich über den Horizont der deutschen Literatur" hingezogen und plötzlich verschwunden, „ohne im Leben eine Spur zurückzulassen" (S. 12).*

Vor allem die Literaturgeschichtsschreibung ließ sich von diesem Verdikt des Olympiers lange leiten. Der liberale Historiker Georg Gottfried Gervinus beispielsweise attestierte Goethe und Schiller, die Widersprüche des Sturm und Drang „auf einer heiteren […] Höhe" versöhnt zu haben, während Lenz zum „traurigen Opfer der Überspannung dieser Periode" (S. 656) geworden sei. Einzelne Dichter hingegen knüpften immer wieder in identifikatorischer Absicht an Lenz an, etwa Büchner mit seiner Erzählung *Lenz* (1839), Naturalisten wie Karl Bleibtreu, der Lenz als einen „Vorläufer des modernen Realismus" (S. 431) sieht und ihn sogar über Büchner stellt, oder Franz Wedekind, dessen *Frühlings Erwachen* (1891) leicht erkennbar von Lenz beeinflusst ist. Zumeist ging es bei dieser Anknüpfung darum, eine Oppositionshaltung gegen die vorherrschende Literatur zu artikulieren. Erst seit den späten 1950er Jahren aber setzt ein größerer Umbruch in der Lenzforschung ein, wesentlich angeregt durch Brechts ausführlich kommentierte *Hofmeister*-Bearbeitung. In der Folge ist das Interesse an Lenz kontinuierlich gestiegen und endlich sowohl die Vielfältigkeit seines Werkes als auch dessen ästhetische Eigenständigkeit in den Blick geraten; am deutlichsten dokumentiert sich dieses gewachsene Renommee Lenz' darin, dass seit 1991 jährlich ein *Lenz-Jahrbuch* erscheint. Heute lässt sich daher Rüdiger Scholz' Frage, ob „Lenz der Büchner des 18. Jahrhunderts" (S. 204) wird, zwar nicht vorbehaltlos bejahen – dazu fehlt noch einiges an Forschungsarbeit und Breitenwirkung –, aber er wird immerhin als wichtigster Autor des Sturm und Drang nach Goethe eingeordnet.

Konzentrieren werden wir uns im Folgenden auf die wirkungsgeschichtlich bedeutendsten Texte von Lenz, mit denen er das Milieudrama begründete, und zwar im Einzelnen auf den programmatischen Essay *Anmerkungen über das Theater nebst angehängtem übersetzten Stück Shakespears* (1774) sowie das Schauspiel *Der Hofmeister oder Vorteil der Privaterziehung* (1774), mit dem er seine Programmatik in Literatur zu übersetzen versuchte.

Zur Biographie Lenz'

Albrecht Schöne hat Leben und Werk von Lenz einmal so anschaulich wie plausibel im Bild des ‚verlorenen Sohnes' gedeutet, weil dieser sich zeitlebens vom Vaterhaus zu lösen suchte, ohne dass diese Lösung je ganz gelang. Dieses Bild ist aber zu ergänzen um den zweiten ‚Vater' Goethe, mit dem Gipfel- wie Wendepunkt von Lenz' Leben und Schaffen untrennbar verbunden sind. Am 23.1.1751 wird Jakob Michael Reinhold Lenz im livländischen Seßwegen als Sohn des pietistischen und äußerst autoritären Pfarrers Christian David Lenz geboren und wächst dort und in Dorpat auf, wo der Vater 1758 die Stelle eines Oberpastors annimmt. 1768 nimmt Lenz auf väterlichen Wunsch und mit Hilfe von Stipendien ein Theologiestudium in Königsberg auf, wo er viel neuere deutsche Literatur liest, Vorlesungen Kants besucht (auf den er eine Preisode schreibt) und erste literarische Gehversuche unternimmt; 1769 publiziert er mit dem Gedichtzyklus *Die Landplagen* sein kaum beachtetes Debütwerk. Als die Stipendien auslaufen, drängt ihn der Vater zur Annahme einer Hofmeisterstelle im heimatlichen Livland, doch Lenz widersetzt sich dem Drängen und begleitet stattdessen im Frühjahr 1771 die beiden kurländischen Barone und Studiengenossen Friedrich Georg und Ernst Nikolaus von Kleist gegen freie Kost und Logis nach Straßburg – ein Befreiungsversuch von der einen väterlichen Autorität, die ihn direkt zu der anderen führt. Denn prägend wird für ihn die mehrfach erwähnte Freundschaft mit Goethe – wenn Freundschaft das richtige Wort ist. Den Lenz spricht zwar von dem „Bruder" Goethe und von „unserer Ehe", aber das Verhältnis ist von Beginn an ambivalent, weil Lenz sich von dem übergroßen Vorbild zugleich in seiner Selbstbehauptung bedroht fühlt. Und fast unheimlich ist, wie Lenz nach der Abreise Goethes nach Weimar auf dessen Spuren wandelt, indem er zunächst – erfolglos – um Friederike Brion wirbt, sich danach Goethes Schwester Cornelia zuwendet und schließlich brieflich unter Berufung auf seinen Mentor und Freund um die Freundschaft der Schriftstellerin Sophie La Roche bemüht.

In Straßburg bleibt Lenz fünf Jahre, abgesehen von kurzen Abstechern als Bedienter der Brüder von Kleist in ihre Garnisonen, erlebt dort seine produktivsten Jahre und erreicht mit seinen Dramen, Gedichten, Rezensionen und moralphilosophischen Schriften eine exponierte Stellung in der literarischen Öffentlichkeit. Dennoch gelingt es ihm nicht, sich eine Existenz als freier Schriftsteller zu sichern, eine Erfahrung, die in der Skizze *Pandämonium Germanikum* (verfasst 1775) ihren satirischen Niederschlag gefunden hat. Im März 1776 reist Lenz unaufgefordert nach Weimar, wohl deshalb, weil er finanziell am Ende war und sich ein Unterkommen bei dem alten Weggefährten erhoffte. Die Zeit am Weimarer Hof wird allerdings zum Desaster: Lenz kommt mit der höfischen Etikette und den sozialen Unterschieden nicht zurecht, ja er benimmt sich derart wunderlich, dass Wieland ihn als eine „seltsame Komposition von Genie und Kindheit" charakterisiert (an Merck, 9.9.1776), und es vergeht kaum ein Tag, „wo er nicht einen oder anderen Streich gespielt hätte". Lenz wird trotz dieses Betragens geduldet, aber nicht lange. Am 26.11.1776 vermerkt Goethe in seinem Tagebuch eine „Eseley" von Lenz und bewirkt daraufhin beim Herzog dessen Ausweisung. Bis heute ist ungeklärt, welche ‚Eseley' sich Lenz zu Schulden kommen ließ. Aber unabhängig von den Spekulationen über diese Leerstelle der Literaturgeschichte wird sie nur der Auslöser gewesen sein für einen endgültigen Bruch, der aus den mittlerweile gegensätzlichen Lebenshaltungen resultiert. Hier der Politiker Goethe, der sich mit der Macht am Hof arrangiert hat, dort der grillenhafte Lenz, der sich nicht anpassen kann oder will. „ausgestoßen aus dem Himmel als ein Landläufer, Rebell, Pasquillant", wie er in einem Brief an Herder klagt, verlässt Lenz Weimar. Ab diesem Punkt verlaufen die Biographien der beiden Dichter, deren

Beziehung so verheißungsvoll mit dem genialen *Teamwork* der Sesenheimer Lieder angefangen hatte, geradezu gegenläufig. Während Goethe eine glänzende Karriere am Weimarer Hof macht und zu *dem* deutschen Schriftsteller avanciert, irrlichtert Lenz noch sechzehn Jahre durch ein zunehmend widriges Leben. Unmittelbar nach der Ausweisung beginnt er ein unstetes Wanderleben, in dem sich seine Orientierungskrise nach dem Scheitern in Weimar ausdrückt. Zudem zeigen sich bald erste Anzeichen einer schweren psychischen Zerrüttung, Züge einer paranoiden Schizophrenie, die sich in Bußhandlungen, Selbstverletzungen und Schuldphantasien äußert. Auch ein Aufenthalt bei dem Sozialreformer, Pädagogen und Pfarrer Oberlin Anfang 1778 bringt keine Besserung; Oberlin hat über Lenz' Aufenthalt später einen Tagebuchbericht verfasst, der Grundlage für Büchners *Lenz*-Erzählung wurde. 1779 folgt die Heimreise nach Riga, und über die Stationen St. Petersburg und Dorpat führt sein Weg 1781 schließlich nach Moskau. Gesellschaftlich fasst er allerdings an keinem dieser Orte richtig Fuß, und seine unablässig produzierten Schriften – Übersetzungen aus dem Russischen, hochgespannte sozialreformatorische Pläne und Prosa – bleiben in Deutschland ohne Resonanz. Lenz ist gleichsam „tot bei Lebzeiten" (Erich Unglaub), was auch daran liegen mag, dass die *Allgemeine Deutsche Bibliothek* 1780 fälschlich Lenz' Tod mitteilt. Am 23. oder 24 März 1792 stirbt Lenz dann tatsächlich, auf einer Moskauer Straße, „von wenigen betrauret, und von keinem vermisst", wie das *Intelligenzblatt der Allgemeinen Literatur-Zeitung* lakonisch meldet. Wo Lenz begraben wurde, ist nicht bekannt.

Die Komödie ist die neue Tragödie: Lenz' *Anmerkungen übers Theater* (1774)

Mit den *Anmerkungen übers Theater. Nebst angehängtem übersetzten Stück Shakespears* veröffentlichte Lenz 1774 eine der Grundschriften des Sturm und Drang, die in ihrer Wendung weg von der Regelpoetik und den französischen Klassizisten und hin zu Shakespeare zwar eine so deutliche Nähe zu den Ideen Goethes und Herders erkennen lässt, dass u.a. Wieland sie für ein Werk Goethes hielt. Aber sie setzt einen eigenen, wirkungsgeschichtlich bedeutsamen Akzent: Während deren Shakespeare-Texte nämlich um allgemeine Überlegungen zur Poetik kreisen, will Lenz „die inneren Regeln des Dramas ergründen" (Winter, S. 57). Mit dieser dramentheoretischen ‚Ergründung' und der anschließenden praktischen Erprobung seines Konzepts in Stücken wie *Der Hofmeister* und *Die Soldaten* initiierte er die Tradition eines antiklassischen, offenen Dramas, die dann von Grabbe, Büchner, Hauptmann und Brecht fortgeführt wurde.

Eine erste Fassung der Schrift ist schon im Winter 1771/72 in Straßburg entstanden und der dortigen literarischen Gesellschaft vorgelesen worden. Trotz nachweislich mehrfacher Überarbeitung dieses Vortrags ließ Lenz in der schließlich auf Vermittlung Goethes veröffentlichten Fassung Anreden wie „meine Herren“ stehen und behielt vor allem die assoziative, sprunghafte Darbietungsform bei. In dieser Entscheidung für eine „rhapsodenweise“ Darlegung, wie sie Lenz in einer Vorbemerkung nennt, artikuliert sich die Opposition gegen die systematischen, logisch aufgebauten Programmschriften der Aufklärung.

Der Text setzt mit einem kursorischen Überblick über die „Bühne aller Zeiten und Völker“ (LW, Bd. 2, S. 644) ein und gelangt dann schnell zu seinem Herzstück, der Auseinandersetzung mit der Poetik des Aristoteles. Anknüpfungspunkt ist für Lenz das aristotelische Mimesis-Postulat, d.h. die Bestimmung der Dichtung als Nachahmung der Natur. Durchaus sei Nachahmung wesentlich für die Entstehung von Kunst, gibt Lenz der Poetiktradition zu, weil der Nachahmungstrieb zu den Grundtrieben des Menschen gehöre. Doch als zweite Quelle der Dichtkunst, leitet er zu seiner Offensive gegen Aristoteles über, müsse man die Verstandestätigkeit setzen, mit der die sinnlichen Wahrnehmungen „durchschaut“ würden. Und vor allem bedürfe es einer dritten Bedingung, damit Dichtung zur „Sprache der Götter“ (645) werde, und zwar des Genies: „Wir nennen die Köpfe Genies, die alles, was ihnen vorkommt, gleich so durchdringen, durch und durch sehen, daß ihre Erkenntnis denselben Wert, Umfang, Klarheit hat, als ob sie durch Anschaun oder alle sieben Sinne zusammen erworben worden.“ (648)

Der Hauptgegenstand dieser genialen Nachahmung soll nun der *individuelle Charakter* sein, und nicht, wie bei Aristoteles und in der griechischen Tragödie, die *Situation*, aus der sich der schicksalhafte Konflikt entfaltet. Gleichsam über die Bande gespielt widerspricht Lenz damit auch Lessing, der das Verhältnis von Situation und Charakter in der *Hamburgischen Dramaturgie* noch im Sinne von Aristoteles bestimmt hatte. Dabei erweist sich Lenz als gelehriger Schüler Herders, indem er seine Abwendung von der aristotelischen Norm historisch begründet. Das antike Trauerspiel sei nämlich aus dem Gottesdienst hervorgegangen:

> Da nun *fatum* bei ihnen alles war, so glaubten sie eine Ruchlosigkeit zu begehen, wenn sie Begebenheiten aus den Charakteren berechneten, sie bebten vor

> dem Gedanken zurück. Es war Gottesdienst, die furchtbare Gewalt des Schicksals anzuerkennen, vor seinem blinden Despotismus hinzuzittern. […] Die Hauptempfindung, welche erregt werden sollte, war nicht Hochachtung für den Helden, sondern blinde und knechtische Furcht vor den Göttern. (S. 666f.)

Diese religiöse Konstellation sei in der Moderne nicht mehr gegeben, und daher sei ein Charakter, d.h. ein selbständig handelnder Mensch und seine Einbindung in die gesellschaftlichen Verhältnisse auf die Bühne zu bringen. Diesem Ziel, eine „Figur mit […] Genauigkeit und Wahrheit darzustellen" (S. 653), müsse sich die gesamte Dramaturgie unterordnen, wie es Shakespeare vorbildhaft gelungen sei: „Denn der Held allein ist der Schlüssel zu seinen Stücken." (S. 669) Wie Shakespeare wendet er sich also vehement gegen die „erschröckliche jämmerlichberühmte Bulle von den drei Einheiten" (S. 654), die der Individualisierung, sprich der Entwicklung des Charakters aus seinen Motiven und Interessen und des jeweiligen ‚Zeitgeists' Schranken auferlege. „hundert Einheiten will ich euch angeben", ruft Lenz seinen Hörern und Lesern zu, „die alle immer doch die eine bleiben. Einheit der Nation, Einheit der Sprache, Einheit der Religion, Einheit der Sitten […]. Der Dichter und das Publikum müssen die eine Einheit fühlen aber nicht klassifizieren." (655)

Hat im Trauerspiel die Person den Vorrang vor der Handlung, so ordnet Lenz der Komödie die Darstellung von „Begebenheiten" zu: „Die Personen sind für die Handlungen da – für die artigen Erfolge, Wirkungen, Gegenwirkungen, ein Kreis herumgezogen, der sich um eine Hauptidee dreht – und es ist eine Komödie." (S. 669f.) Aristoteles Poetik ist damit auf den Kopf gestellt. Deutlicher als in den *Anmerkungen* wird in Lenz' berühmter Selbstrezension zu seiner Komödie *Der neue Menoza* (1774), warum er diese Umdrehung vornimmt: „Komödie ist Gemälde der menschlichen Gesellschaft, und wenn die ernsthaft wird, kann das Gemälde nicht lachend werden." (S. 703) Die Komödie ist also diejenige Gattung, die seiner Selbsterfahrung entspricht, die den Einzelnen zwischen Autonomiebestreben und gesellschaftlichen Zwängen zeigen kann – die Komödie ist die neue Tragödie, ließe sich pointieren. Präziser: Lenz hebt die Trennung zwischen Tragödie und Komödie zwar nicht auf, sondern lässt den Gegensatz stehen und will durch die dem ‚Volksgeschmack' entsprechende Komödie zur Tragödie hinführen, ja will das Volk erziehen: „So erschafft der komische Dichter dem tragischen sein Publikum." (S. 704) Aber fast zwangsläufig vermischen sich Lenz bei dieser Hinführung die Gattungen und es entsteht eine offene Mischform. Wie sich dieses Mischungsverhältnis zwischen komischen und tragischen Elementen konkret gestaltet, soll im Folgenden am *Hofmeister* gezeigt werden.

Der Hofmeister als Tragikomödie über das akademische Prekariat

Als *Der Hofmeister oder Vortheile der Privaterziehung* im Frühjahr 1774 anonym erschien, hielten einige Zeitgenossen auch dieses Schauspiel für ein Werk Goethes. Schubart etwa feierte „diese neue ganz eigenthümliche Schöpfung unsers Shakespears, des unsterblichen Dr. Göthe". Und ganz abwegig ist die falsche Zuschreibung nicht, denn dem *Hofmeister* lässt sich der Einfluss Shakespeares so leicht ablesen wie zuvor dem *Götz*: Lenz verbindet in seinem dramatischen Debüt zwei Handlungsstränge, die sich über drei Jahre erstrecken, an neun verschiedenen, teils weit auseinanderliegenden Schauplätzen wie Halle, Leipzig und Königsberg in Preußen spielen und bringt in einer Vielzahl an Kurzszenen immerhin 23 Personen aus verschiedenen Ständen auf die Bühne, die jeweils durch ihre Sprache charakterisiert sind. Kurz gesagt: Der programmatischen Haltung in den *Anmerkungen* entsprechend wird hier den aristotelischen Einheiten augenfällig eine Absage erteilt. Goethe allerdings hatte schon am 6. Mai in einem Brief darauf hingewiesen: „Ihr hört am Titel dass es nicht von mir ist." Und in der Tat deutet schon der Titel bzw. das Titelblatt an, dass Lenz im *Hofmeister* zwar in formaler Hinsicht so sehr ‚shakespearisiert' wie Goethe im *Götz*, inhaltlich aber eine eigenständige Schwerpunktsetzung vornimmt. Denn im Sinne Hamanns, der den Titel als „Senfkorn des ganzen Gewächses" und als „nucleus in nuce" bezeichnet hat, markiert Lenz bereits mit der Titelei das zentrale Thema des Schauspiels und damit zugleich seinen realistischen Gegenwartsbezug und streicht dergestalt seine neuartige Leistung heraus.

Die Hofmeister bilden sozusagen das akademische Prekariat des 18. Jahrhunderts. Eine Vielzahl junger Theologiestudenten war gezwungen, ihren Lebensunterhalt in der schlechtbezahlten und häufig demütigenden Stellung eines Privaterziehers oder -lehrers bei adligen Arbeitgebern zu verdienen und nach dem Studium die Wartezeit bis zur Besetzung einer Pfarrstelle zu überbrücken. Ein anschauliches Bild dieses Dienstverhältnisses zeichnet Freiherr Adolph von Knigge in seiner berühmten kulturgeschichtlichen Studie *Über den Umgang mit Menschen* (1788):

> Es kann mir durch die Seele gehn, wenn ich den Hofmeister in manchem adeligen Hause demütig und stumm an der Tafel seiner gnädigen Herrschaft sitzen sehe, wo er es nicht wagt, sich in irgendein Gespräch zu mischen, sich auf irgendeine Weise der übrigen Gesellschaft gleichzustellen, wenn sogar den ihm untergebenen Kindern, von Eltern, Fremden und Bedienten, der Rang vor ihm gegeben wird, vor ihm, der, wenn er seinen Platz ganz erfüllt, als der wichtigste Wohltäter der Familie angesehen werden sollte. (S. 246)

Einen solchen ohnmächtigen ‚Wohltäter' stellt Lenz also in den Mittelpunkt seines Schauspiels, um exemplarisch Kritik an den desolaten Lebensbedingungen der Hofmeister zu üben – aber dieser Mittelpunkt bleibt gleichsam leer, weil die Hauptfigur kaum zu Wort kommt und nur passiv der Geschichte ausgesetzt ist, statt ein selbstbestimmter Handlungsträger oder ‚Selbsthelfer' zu sein.

Läuffer, wie der Protagonist – bezeichnenderweise für seine wenig gefestigte Stellung – heißt, ist als Hauslehrer in die Familie des Majors von Berg gekommen, um die Kinder Leopold und Gustchen „in allen Wissenschaften und Artigkeiten und Weltmanieren" (I/2) zu unterrichten. Dass er mit dieser Stellung sowohl Freiheit als auch Würde aufgegeben hat, verdeutlicht das Schauspiel gleich in den ersten Szenen unmissverständlich: Läuffer geht seinem Arbeitgeber, der ihm „unerträglich" ist, dennoch „mit viel freundlichen Scharrfüßen" entgegen (I/1), sitzt dann „in sehr demütiger Stellung" neben dessen Frau (I/3), macht der blasierten und wenig gebildeten Majorin peinlich-übertriebene Komplimente und lässt sich nach einer ungefragt geäußerten Bemerkung zum Theater widerspruchslos zurechtweisen: „Merk Er sich, mein Freund! daß Domestiken in Gesellschaften von Standespersonen nicht mitreden. Geh Er auf sein Zimmer." (I/3) Diese Geringschätzung des Hofmeisters und seine Abhängigkeit zeigt sich überdies besonders deutlich daran, dass das zugesagte Gehalt nach und nach herabgesetzt wird – was Läuffer akzeptieren muss, es gibt ja keine Tarifverträge, auf die er sich berufen, oder Gewerkschaften, die ihn unterstützen könnten, und bis zu Mindestlohndebatten ist es noch über zweihundert Jahre hin.

Ausführlich ausbuchstabiert wird das Erziehungsthema in der ersten Szene des zweiten Aktes in einem Gespräch zwischen Läuffers Vater und dem Geheimen Rat von Berg, einem Bruder des Majors. Im Gegensatz zu seinem Bruder vertritt der Rat liberale Ansichten und könnte auf den ersten Blick geradezu als Sprachrohr des Autors verstanden werden. Vehement wirft er dem Pastor nämlich vor, seinen Sohn in den Dienst gegeben und damit seine Freiheit genommen zu haben: „Ohne Freiheit geht das Leben bergab rückwärts, Freiheit ist das Element des Menschen wie das Wasser des Fisches, und ein Mensch der sich der Freiheit begibt, vergiftet die edelsten Geister seines Blutes, erstickt seine süßesten Freuden des Lebens in der Blüte und ermordet sich selbst."

Als Hofmeister sei Läuffer Bedienter und „Sklav", räsonniert er weiter, „über den die Herrschaft unumschränkte Gewalt hat". Überhaupt sei Privaterziehung nutzlos und junge Akademiker sollten lieber an öffentlichen Schulen unterrichten, um nicht Privatpersonen, sondern dem Staat zu dienen. Auf den vorsichtigen Einspruch des Vaters: „Aber was ist zu machen in der Welt? Was sollte mein Sohn anfangen, wenn Dero Herr Bruder ihm die Kondition aufsagten?", auf den Hinweis auf die ökonomischen bzw. gesellschaftlichen Zwänge also antwortet der Rat so entschieden wie uneinsichtig:

> Ihr beklagt euch so viel übern Adel und über seinen Stolz, die Leute sähn Hofmeister wie Domestiken an, Narren! was sind sie denn anders? Stehn sie nicht in Lohn und Brod bei ihnen wie jene? Aber wer heißt euch ihren Stolz nähren? Wer heißt euch Domestiken werden, wenn ihr was gelernt habt, und einem starrköpfischen Edelmann zinsbar werden, der sein Tage von seinen Hausgenossen nichts anders gewohnt war als sklavische Unterwürfigkeit? (II/1)

Bezogen ist damit die Position des aufgeklärten Absolutismus, der die bestehende Ordnung verteidigt und dem Einzelnen die Verantwortung für sein Schicksal zuweist. Offenkundig spricht der Geheime Rat damit an dem virulenten sozialen Problem vorbei, und vollends dekonstruiert wird seine Position dadurch, dass ausgerechnet er es war, der Läuffer „bei der Stadtschule [...] nicht annehmen" wollte. Und Läuffers Schicksal ist durchaus nicht als Einzelfall, sondern exemplarisch gemeint. Lenz verdeutlicht seine Stellvertreterfunktion dadurch, dass er neben die Haupthandlung realistisch gezeichnete Szenen aus dem zeitgenössischen Hallenser Studentenleben montiert, die die Lebensbedingungen des akademischen Prekariats noch klarer konturieren. Pätus etwa, ein Studienfreund Läuffers, lebt in Abhängigkeit von den spärlichen Zuwendungen seines Vaters, leidet unter seiner wucherischen Vermieterin, muss im Hochsommer zum Theaterbesuch einen Pelz tragen, weil er sich keine andere Garderobe leisten kann und landet zwischenzeitlich sogar im Schuldgefängnis.

Zurück zum zentralen Handlungsstrang: Als Kompensation der unterdrückten Stellung beginnt Läuffer ein Verhältnis mit Gustchen, der Tochter des Hauses, die sich wiederum nur auf den Hofmeister einlässt, weil ihr Verlobter Fritz von Berg (Sohn des Geheimen Rats) zum Studium nach Halle geht. So weit entwickelt sich das Geschehen nach dem

Handlungsmuster der Komödie, dann allerdings schlägt es ins Tragische um. Die unstandesgemäße Liaison wird entdeckt, macht Skandal, und beide ‚Liebenden' fliehen: Läuffer findet Zuflucht bei dem skurrilen Dorfschulmeister Wenzeslaus, der in seiner selbstgenügsamen Unabhängigkeit auf den ersten Blick ein Gegenentwurf zu Läuffer zu sein scheint, sich bald aber als armselige Existenz entpuppt, die sich alle Triebe und Wünsche ausgetrieben hat und diese Selbstbändigung durch Pfeiferauchen kompensiert. Während Läuffer bei Wenzeslaus seine Lektion in Asketentum lernt, schlüpft Gustchen bei der alten, blinden Marthe in einer einsamen Waldhütte unter, bringt dort ihr Kind zur Welt, stürzt sich anschließend aus Verzweiflung in einen Teich und wird nur knapp von ihrem Vater gerettet. Als Läuffer kurz darauf von seinem Kind erfährt, kastriert er sich aus Reue selbst und radikalisiert damit die Selbstbändigung Wenzeslaus, rottet mit seinem Sexualtrieb das letzte ‚aufrührerische' Element aus, das ihn noch ausgezeichnet hatte.

Am Ende aber schlägt das Pendel überraschend wieder zurück, wandelt sich das Schauspiel von der Tragödie erneut zur Komödie – zumindest scheint es so. Gleich drei Happy Ends liefert Lenz nämlich und übererfüllt die Gattungsnorm damit: Fritz kehrt zurück, verzeiht Gustchen und akzeptiert die Vaterordnung, Läuffer findet sein Glück bei dem Dorfmädchen Lise, das nur nach Liebe und nicht nach Erfüllung des Geschlechtstriebs verlangt, und Pätus gewinnt in der Lotterie, versöhnt sich mit seinem Vater und erobert die Jungfer Rehaar. Deutlich trägt dieses Ende satirische Züge, wird von Lenz keine wirklich befriedigende Lösung der Konflikte angeboten, sondern eine nur vordergründige Harmonie, die mit dem Verzicht auf Autonomie und Individualität erkauft ist. Die rebellische Sturm und Drang-Haltung bleibt eine Geste des Augenblicks, ist nicht von Dauer.

Ist *Der Hofmeister* nun also als Komödie oder Tragödie zu verstehen? Beides zugleich, lässt sich mit Lenz' *Anmerkungen* und der *Menoza*-Selbstrezension antworten. Bezeichnend ist, dass Lenz den Text in der Handschrift zunächst ein „Lust- und Trauerspiel" nennt und sich erst später für die Gattungsangabe ‚Komödie' entscheidet – und das bewusst und nicht aus Verlegenheit um eine bessere Rubrizierung. Komödie meint hier eben nicht, dass es nur komisch zur Sache geht, sondern vielmehr, dass ein Gemälde der Gesellschaft gezeigt wird, das nicht lachend geraten kann, weil die Zustände nicht danach sind. Insgesamt inszeniert Lenz' Schauspiel daher, so der gängige Begriff für diesen dramatischen Mischtyp, eine *Tragikomödie*, präsentiert sein Ensemble in den sie bestimmenden Verhältnissen und liefert damit quasi eine vorweggenommene Illustrierung des Adornoschen Diktums, dass es kein richtiges Leben im falschen gibt.

Durch die Veröffentlichung des *Hofmeister* wurde Lenz schlagartig einer breiten literarischen Öffentlichkeit bekannt, und die Rezensenten bildeten die gleichen Frontlinien wie im Fall des *Götz*. Auf der einen Seite inkriminierte beispielsweise Nicolai in der *Allgemeinen deutschen Bibliothek* die „mangelnde Rücksicht auf Vorschriften der Kunst" und Wieland monierte im *Teutschen Merkur* den unzulänglichen Zusammenhang von Natur und Kunst. Auf der anderen Seite verkündete Matthias Claudius im *Wandsbeker Boten*, „Götz hat jetzt einen jüngeren Bruder, den ‚Hofmeister'"; fühlten die *Frankfurter gelehrten Anzeigen* sich von dem Schauspiel erfrischt „wie das Land von fruchtbarem Regen nach langer Dürre", und der *Doyen* des Sturm und Drang, Herder, schrieb an Hamann, dass „Stücke dieser Art" tiefer reichten „als der ganze Berlin. Litterat. Geschmack".

Ein vergleichbarer Erfolg war Lenz in der Folge nicht mehr beschieden und *Der Hofmeister* blieb sogar das einzige Stück, das zu seinen Lebzeiten überhaupt aufgeführt wurde. Die zwei Jahre später erschienene Komödie *Die Soldaten* etwa erreichte kaum unmittelbare Resonanz, obwohl sie an den *Hofmeister* anschließt, indem auch sie das Scheitern von Selbstverwirklichung an den gesellschaftlichen Strukturen vorführt, in diesem Fall von aufstiegswilligen Bürgern und den titelgebenden Soldaten. Die Karriere dieser Komödie zum zweiten Gründungsstück des sozialkritischen Milieudramas neben dem *Hofmeister* begann erst wesentlich später, mit der genannten Lenz-Rezeption Büchners, Grabbes und vor allem der Naturalisten und Brechts. Für die Zeitgenossen hingegen war, mit Goethe gesprochen, der Meteor bereits vorübergezogen und am Horizont fast verschwunden.

Literatur

Andreas **Meier** (Hrsg.): Jakob Michael Reinhold Lenz. Vom Sturm und Drang zur Moderne. Heidelberg 2001

Matthias **Luserke-Jaqui**: J.M.R. Lenz: „Der Hofmeister". „Der neue Menoza". „Die Soldaten". München 1993

Günter **Niggl**: Ständebild und Ständekritik in Lenzens sozialen Dramen „Der Hofmeister" und „Die Soldaten". In: Stephan/Winter 2003, S. 145–153

8

Der Bruderkonflikt im Drama des Sturm und Drang

Im Jahre 1775 veranstaltete das Hamburger Theater ein literarisches Preisausschreiben, das unter anderem im Theatralischen Wochenblatt *vom 3. März 1775 angekündigt wurde. In dieser Ankündigung beklagen die Initiatoren des Dramen-Wettbewerbs, dass „unsere* guten *Schriftsteller bisher fast* gar *keine Aufmunterung gehabt haben, für das Theater zu arbeiten, als den Trieb ihres Genies". Außerdem würde es die „unredliche Gewinnsucht der Nachdrucker" dem Buchhandel unmöglich machen, die Autoren für ihre Arbeit angemessen zu entlohnen. Um also zu gewährleisten, dass die Dramendichter für ihre „Zeit, Mühe und Talente" (zit. nach Fleig, S. 25) finanziell entschädigt werden, setzte die Theaterdirektion ein Preisgeld aus und wollte damit zugleich zur Qualitätssteigerung auf deutschen Bühnen beitragen.*

Das Preisausschreiben ist ein Zeichen dafür, wie sich der literarische Markt in den 1770er Jahren professionalisiert, wie sich allmählich die Strukturen eines literarischen Feld herausbilden, in dem es um die Verteilung sowohl von *ökonomischen* als auch *symbolischen* Gütern geht: Denn mit der Auszeichnung verbunden war nicht nur ein stattliches Preisgeld, sondern gesucht wurde auch ein in Prosa verfasstes, bühnentaugliches „Originalstück" (Keller, S. 78). Der Wettbewerb war demnach ein Kampf um das für die jungen Autoren so wichtige Prädikat der Originalität, der „das Schicksal der konkurrierenden Autoren/Werke auf dem literarischen Markt zugunsten des Einen und zu Lasten des Anderen" (Blasberg, S. 43f.) entschied.

Der Gewinner dieses ‚Literaturbattles' war Friedrich Maximilian Klingers Trauerspiel *Die Zwillinge*, das sich knapp gegen Johann Anton Leisewitz' Beitrag *Julius von Tarent* durchsetzen konnte. Beide Texte (wie im Übrigen auch die dritte, anonyme Einsendung *Die unglücklichen Brüder*) dramatisieren den Konflikt zweier Brüder. Das Rennen machte schließlich, so ist der Begründung zu entnehmen, dasjenige Stück, das sprachgewaltiger als die Konkurrenzprodukte ist und kraftvollere Figuren sowie einen zugespitzteren Konflikt bietet. Zwar sei *Julius von Tarent* „schön dialogiert, voll Verve und Geist", leidenschaftlich und klug und deshalb ebenfalls uneingeschränkt preiswürdig. Jedoch lief ihm Klingers Stück den Rang ab, weil es die „mächtige, gewaltige Triebfeder der unentschieden gebliebenen Erstgeburt voraus hatte. ‚Wer beweist mir, daß nicht ich der Erstgeborene von uns Zwillingen war?' Das entflammt den wilden, hintennach gesetzten Guelfo, und darüber fallen beide" (zit. nach Keller, S. 80). Vor dem Hintergrund dieser Begründung mag es als Ironie des Schicksals erscheinen, dass das prämierte Originalstück eigentlich die ‚Zweitgeburt' darstellte, weil es wohl überhaupt erst auf Anregung des Konkurrenten Leisewitz entstanden ist (vgl. Luserke, S. 190). Obgleich es keine Quellen gibt, die diesen Entstehungszusammenhang verlässlich bezeugen, zeigt die Gestalt von Klingers Drama zumindest die Absicht des Autors, die Konkurrenz durch Überbietung auszustechen: Augenfällig ist jedenfalls die übertriebene, symbolisch überfrachtete Sprache sowie Charaktere, die schon von Generationsgenossen wie Gottfried August Bürger oder Heinrich Christian Boie als ‚unnatürlich' empfunden wurden: „Ein Stück voll Kraft und, wie mirs scheint, Überkraft", schreibt Boie am 10. Juni 1776 an Friedrich Wilhelm Gotter. Originalität definierte sich demnach nicht wie noch in der Frühphase durch den vermeintlichen Verzicht auf Künstlichkeit. Sie war, als sich die Marke ‚Sturm und Drang' etabliert hatte, nunmehr durch eine Radikalisierung ästhetisch-ideologischer Sturm und Drang-Positionen zu erzielen.

„Ihr stahlt mir alles und gabts ihm": Friedrich Maximilian Klingers *Die Zwillinge*

Die Auseinandersetzung zwischen alt und jung, die das literarische Feld zu Beginn der 1770er Jahre entscheidend geprägt hatte, wird wenige Jahre später also ergänzt durch Positionskämpfe bzw. den Kampf um öffentliche Aufmerksamkeit in den eigenen Reihen. Ein zweifacher Kampf bestimmt aber nicht nur die literarische Öffentlichkeit, sondern wird überdies in den Dramen selbst geführt: Er findet Ausdruck in der Rebellion der Jugend gegen das System der Väter einerseits und einem tödlichen Konkurrenzkampf zwischen den Brüdern andererseits.

Im Zentrum beider Stücke stehen zwei rivalisierende Söhne – Guelfo und Ferdinando in Klingers *Zwillingen*, Guido und Julius im Trauerspiel von Leisewitz –, wobei sich die Rivalität in beiden Fällen am Anspruch auf eine Frau entzündet. Dieser Streitgegenstand entpuppt sich allerdings schnell als Stellvertreter für einen grundsätzlichen Konflikt: Primär geht es den Söhnen um ihre Emanzipation, um das Recht, ihre Individualität ausleben zu dürfen. Besonders der Zweitgeborene fühlt sich benachteiligt. Er begreift sich als besseren Herrscher und ist dementsprechend neidisch auf den Bruder, der als legitimer Erbfolger Privilegien genießt. In beiden Dramen eskaliert dieser Konflikt schließlich. Der jüngere Bruder ermordet den älteren, den Vätern bleibt nichts anderes übrig, als die Tat zu sühnen und den eigenen Sohn zu richten. Am Ende beider Stücke sind die Familien zerstört – und weil es sich um Adelsfamilien handelt, steht damit auch die Zukunft des Volkes insgesamt auf dem Spiel.

Angedeutet ist in diesen knappen, weitgehend strukturanalogen Handlungsskizzen, dass der Streit des jüngeren Sohnes mit dem älteren Bruder in erster Linie ein Streit mit dem System des Vaters ist. In den *Zwillingen* ist diese Konstellation besonders offensichtlich, denn dort ist der ältere Sohn Ferdinando als systemtreuer Nachfolger des Vaters konzipiert, als ein genauso empfindsamer wie kluger Kopf mit Familiensinn, der das charakterliche Gegenstück zum stürmisch-wilden Einzelgänger Guelfo darstellt. Dieser Kraftkerl begehrt auf gegen eine als ungerecht empfundene väterliche Ordnung, die dem einen Sohn *alles*, dem anderen Sohn *nichts* zuteilt. Im Drama ist die Legitimität dieser Verteilung von Besitz und Macht auf radikale Art und Weise problematisiert. Die Frage, „warum hab‘ ich nichts, und er alles?“ (I, 1), wird beantwortet mit dem Verweis auf eine Differenz von nur wenigen Minuten, die zwischen der Geburt der Brüder liegen. Noch brisanter wird diese Konstellation dadurch, dass dem Leser bzw. Zuschauer verborgen bleibt, ob die offizielle Version der Eltern tatsächlich stimmt. Die Mutter, die vom Sohn gedrängt wird, ihm die Wahrheit zu sagen, weiß nichts, weil sie bei der Geburt das Bewusstsein verloren hat; und die Aussage des Arztes lässt Interpretationsspielräume zu: „Sie waren beide da, und man wußte nicht, welches der Erstgeborne war. Aber aus sichern Zeichen –“ (I, 2) Der jüngere Bruder ist jedenfalls überzeugt, ja geradezu besessen von dem Gedanken, dass eigentlich er an der Stelle des Bruders stehen sollte: „Fühl ich mich nicht, und weiß, wozu ich geschaffen bin? und weiß, wie man sich an mir versündigt hat? [...] Was ich worden wär! was ich worden wär! Guelfo, wie hat man schon bei deiner Geburt gearbeitet, dich zu ersticken!“ (I, 2) Er fühlt sich seiner außergewöhnlichen Potentiale beraubt, was den sich selbst helfenden Stürmer und Dränger zum Handeln herausfordert. Allerdings präsentiert das Drama das vermeintliche Genie, sowohl in der Fremd- als auch der Selbstbeschreibung, von Beginn an als einen psychologisch deformierten Helden. Schon in der ersten Szene des Stücks erinnert sein engster Vertrauter Grimaldi an einen Vorfall, der sich eine Woche zuvor ereignet hatte: „Kaum sind's acht Tage, schmißt du mich an Boden, daß meine Gebeine zusammen rasselten. Und das bloß, weil deine verkehrt stehende Augen einen andern in mir zu sehen glaubten." (I, 1) In der Folge ist dann mehrfach von den ‚großen, rollenden Augen' die Rede – eine Attribuierung, die die verquere Wahrnehmung der Figur ausdrückt. Und Guelfo selbst beschreibt sich zwar im Modus des Stürmer und Drängers als „Löwe", der „Muth", „Feuer", „Geist" und „Stärke" besitzt, allerdings trägt sein Selbstbild Merkmale eines krankhaften Verfolgungswahns: Er fühlt sich von bösen Geistern heimgesucht.

> Ha! verfolgt mich alles? Alle Dämonen und alle Gespenster der Nacht? Mein böser Geist hängt mir auf dem Nacken, er läßt mich nicht, stiert mich aus allen Winkeln an. Blas zu! Vergift mir jedes Fäserchen meines Herzens! Wühl giftig in meinem Blut! Hu! was martert den Guelfo? wen will Guelfo martern? (III, 1)

Die Frage, wen Guelfo martert, wird im Verlauf des Stücks mehrfach beantwortet: Dem Della Forza schoss er durch die Lunge, „um seine Marter zu verlängern" (I, 1), einen Mann, so berichtet der alte Guelfo, hat er gepeitscht, „daß er auf den Tod liegt – den Mann, der seinen vielen Kindern Brot gab. Er hat sie hingebracht, Hungers zu sterben! zu laufen in die Wildnis!" (I, 4), und überdies berichtet der Vater, dass Guelfo „immer im Walde [liege und] seine Hände in der armen Tiere Blut" bade. (II, 2) Sadismus, Verfolgungswahn sowie die prinzipielle Unfähigkeit, Affekte zu kontrollieren, lassen Guelfo als Pervertierung des leidenschaftlichen Tatmenschen und Selbsthelfers erscheinen: Die im Falle von Goethes Götz von Berlichingen noch konstruktiv motivierte Tat schlägt bei Guelfo um ins Destruktive. Den Höhepunkt seiner Zerstörungswut bildet schließlich die brutale Ermordung des eigenen Bruders, die im Stück sowohl Zeichen der Rebellion als auch Ausdruck des fortschreitenden Wahnsinns ist.

„Du kannst nichts tun, ohne die Liebe zu fragen, ich nichts, ohne die Ehre": Johann Anton Leisewitz' *Julius von Tarent*

Im Gegensatz zur Konstellation in Klingers *Zwillingen* betrifft der Konflikt zwischen Jugend- und Vatergeneration in Leisewitz' *Julius von Ta-*

rent beide Söhne. Zudem unterscheiden sich die Dramen dadurch, dass hier die politischen Konsequenzen dieses Konfliktes deutlicher akzentuiert sind.

Die Handlung spielt im 15. Jahrhundert, wobei diese historische Konstellation leicht erkennbar auf aktuelle Zustände des 18. Jahrhunderts gemünzt ist. Der Fürst von Tarent entspricht dem Bild des aufklärerischen, umsichtigen Landesvaters, der von seinen Untertanen gemocht und verehrt wird. Die zweite Szene des dritten Aktes ist ganz der Huldigung des Herrschers gewidmet, in ihr ist dargestellt, wie ein alter Bauer stellvertretend für seine Gemeinde dem Regenten einen Blumenkranz überbringt: „zum Zeichen ihrer Liebe". Diesen Kultstatus hat Fürst Constantin durch seine dem Ideal der Aufklärung folgende Herrschaftsphilosophie erreicht, die dem Gemeinwohl stets Vorrang vor den Eigeninteressen gegeben hat. Im Gespräch mit seinem Thronfolger Julius bringt er diese Philosophie unmissverständlich zum Ausdruck: „Du bist kein Mädchen, die Liebe ist nicht deine ganze Bestimmung. Du wirst ein Fürst und mußt dem Vergnügen der Tarentiner dein Vergnügen aufopfern lernen." (III, 2) Angesprochen ist damit, dass Julius nach Meinung des Vaters egoistische Interessen verfolgt, die in seiner Sensibilität gründen. Julius wird als empfindsamer Charakter beschrieben, der bereits als Kind, bevor er wusste, was Liebe ist, ihren „schmachtenden Blick" (I, 6) hatte. Und Julius selbst beschreibt seine Emotionalität folgendermaßen:

> Nennen Sie mir eine Empfindung, ich habe sie gehabt. Immer ward ich von einem Ende der menschlichen Natur zum anderen gewirbelt, oft durch einen Sprung von entgegengesetzter Empfindung zu entgegengesetzter, oft durch alle, die zwischen ihnen liegen, geschleift. (I, 1)

Seine Empfindsamkeit kollidiert mit den Anforderungen an sein künftiges Amt: „Ich habe ein Herz und bin ein Fürst – das ist mein Unglück – wie soll ich meinen Hunger nach Empfindungen stillen." (I, 1) Im Modus des Entweder-Oder stellt er seine Liebe zur bürgerlichen Blanca schließlich über die „Pflicht für das Ganze". Wie radikal sein Wille zur Liebesautonomie ist, zeigt sich schließlich im Vorhaben, die Geliebte aus dem Kloster, wohin Blanca auf Geheiß des Fürsten verfrachtet wurde, zu befreien: „ich will den großen Streit mit dem Himmel wagen!" (II, 2) Wenige Tage später wird er versuchen, sein Vorhaben in die Tat umsetzen.

Sein Gegenspieler Guido ist als Komplementärfigur zu Julius konzipiert: Er verkörpert die ‚andere' Seite des Stürmer und Drängers, steht also für Mut, Stärke und die spontane Tat: Als er noch ein Knabe war, erinnert sich sein Vater, wollte er

> immer im Spiel König sein [...] und [kletterte] für die Bewunderung seiner Gespielen so gefährlich auf Bäume und Felsen [...], daß sie ihn für schwindelnder Angst kaum bewundern konnten, so dachte ich oft, hilf Himmel, wenn die Leidenschaften des Knaben erst aufwachen! – Sie sind aufgewacht, und siehe, er ist so geizig nach Ruhm [...]. (I, 6)

Auch in seiner Selbstbeschreibung betont Guido die Charaktereigenschaften „Macht" und „Stärke". Sein „eigentliches Selbst" bilden die „festen Entschließungen [...]. Gehorsam beugt sich die leblose Natur unter die Hand des Helden, und seine Plane können nur an den Planen eines andern Helden zerschellen [...]." (I, 5) Wie Klingers Guelfo ist auch Leisewitz' jüngerer Sohn als egomanisches Kraftgenie konzipiert, das für sich in Anspruch nimmt, die Natur nach seinen Vorstellungen zu gestalten. Überlegen fühlt er sich in erster Linie dem Bruder im Streit um Blanca, wobei er sein Vorrecht darin begründet sieht, dass der „natürliche Preis" (II, 1) männlicher Tapferkeit die weibliche Schönheit sei. Julius hingegen begreift er als verweichlichten Zauderer, als „zahme Wachtel", der zur Regentschaft der Tarentiner unfähig ist: „Sei empfindsam, pflücke Violen [...]; laß deinen Aspermonte" – gemeint ist Julius' engster Berater – „unterdessen die Tarentiner regieren." (II,1)

Der Streit um Blanca entpuppt sich demnach als ein Streit um die Frage nach dem besseren Regenten, präziser: Die Blanca-Handlung forciert den Bruderzwist, der eigentlich in der grundsätzlichen „Disharmonie ihrer Charaktere" (I, 6) gründet. Der jüngere Bruder sieht sich vom älteren deshalb herausgefordert, weil er dessen natürliche Eignung für die väterliche Nachfolge bezweifelt, sich selbst hingegen für geeignet hält. Dass es Guido tatsächlich nicht um Blanca, sondern ums Prinzip geht, zeigt das Angebot, auf sie zu verzichten, vorausgesetzt auch Julius gebe seine Ansprüche auf:

> JULIUS: wer liebt, will lieben und weiter nichts – Liebe ist die große Feder in dieser Maschine; und hast du je eine so widersinnig künstliche Maschine gesehen, die selbst ein Rad treibt, um sich zu zerstören [...]?
> GUIDO: Ich könnte meine Ansprüche aufgeben, wenn ich wollte? – Wenn die Ehre will! – Das ist die Feder meiner Maschine – Du kannst nichts tun, ohne die Liebe zu fragen, ich nichts, ohne die Ehre [...]. (III, 3)

Die jeweiligen Zentralwerte ‚Liebe' einerseits und ‚Ehre' andererseits sind inkompatibel, sie prallen aufeinander – und der Bezugspunkt dieses Aufpralls ist nicht nur Blanca, sondern vor allem das Fürstentum. Die Ermordung des Thronfolgers, in der die Auseinandersetzung der Brüder gipfelt, zeigt auch im Falle von Guido, dass die Jugendgeneration ihre individuellen Interessen über die väterlichen Werte stellt. Die Söhne folgen dem Patriarchen nicht mehr, was im Drama gravierende Folgen hat. Fürst Constantin dankt nach dem Verlust beider Söhne ab und übergibt das Fürstentum der „harte[n] neapolitanische[n] Regierung“ (V, 9). Das Land, das von den Untertanen als ideales Herrschaftsmodell gepriesen wurde, fällt damit in voraufklärerische Zustände zurück. Dieses Finale drückt schließlich die Ausweglosigkeit des Konfliktes zwischen den Söhnen und ihrem Vater aus: „Der Staat tötet die Freiheit“ (II, 5), hatte Julius die Entscheidung für Blanca begründet. In Umkehrung dieses Diktums demonstriert das Stück aber auch, dass der unbedingte Wille zur Durchsetzung von Freiheit den Staat tötet.

„alles entartet unter den Händen des Menschen“ (J.J. Rousseau): Zum Erziehungsdiskurs in den Bruderdramen

Das Drama *Julius von Tarent* verhandelt also die Frage, was aus dem Gemeinwesen wird, wenn das Individuum absolute Freiheit beansprucht, und ob die junge Generation überhaupt fähig ist, Verantwortung für die Gemeinschaft zu übernehmen. Im *Clash of Generations* wird jedenfalls eine staatliche Strukturkrise offenbar, die aber nicht ausschließlich vom unbedingten Freiheitsstreben der jungen ‚Wilden‘ verursacht ist. *Zwar* legt das Stück die Widersprüchlichkeit des Systems ‚Sturm und Drang‘ darin offen, dass die für die Anthropologie der Zeit zentralen Merkmale *Tatkraft* und *Empfindsamkeit* gegeneinander ausgespielt werden. Dieser Widerspruch wird offenbar, wenn die Gräfin Cäcilia die beiden Söhne zusammengenommen zunächst als „Ideal der männlichen Vollkommenheit“ (I, 7) preist. Später prallen diese Dimensionen von Männlichkeit aufeinander und ruinieren das intakte Sozialsystem. *Jedoch* weist der Text der väterlichen Ordnung insofern eine Mitverantwortung zu, als dieses mit den Naturanlagen der Söhne offensichtlich nicht adäquat umzugehen versteht. Der Text differenziert im Rückblick auf die Kindheit grundsätzlich zwischen den ursprünglichen Naturtemperamenten ‚Sensibilität/Empfindsamkeit‘ bzw. ‚Stärke/Mut‘ und ihren späteren kulturellen Ausprägungen. Aus den Anlagen entwickelte sich bei Julius ein unbedingter Wille zur *Liebe*, während die Kraft Guidos später in übersteigerten *Ehrgeiz* umschlägt. Was das Drama nicht explizit macht, ist die Frage, wie sich die Naturanlagen in ihre kulturellen Prägungen verwandelt haben. Nahe liegend erscheint aber, diese Verformung als Resultat von Erziehung zu begreifen. Aus dem Verhalten des Vaters gegenüber seinen

Söhnen sind zwei Erklärungen denkbar: Die *erste* Erklärung ist ein zu schwacher Vater, wie ihn auch Schillers Drama *Die Räuber* entwirft. Denkbar ist, dass der Vater charakterliche Fehlentwicklungen unterschätzt hat. So begreift er Guidos Zorn als Krankheit, die sich „noch nicht gebrochen“ (III, 2) hat, und der Bruder des Fürsten hält die Leidenschaft der Söhne für „das wilde Feuer der Jugend“, das irgendwann von selbst verlodern werde. (I, 6) Psychologisch plausibel ist überdies, dass die Vernachlässigung des zweiten Sohnes zu einem Minderwertigkeitskomplex geführt hat, der sich in einem überzogenen Streben nach Ruhm und Anerkennung zeigt. Angedeutet wird außerdem eine *zweite* Erklärung: Der Vater versucht (vielleicht zu spät) durch autoritäres Auftreten, die Söhne in sein System zu zwingen. Der Streit der Brüder eskaliert jedenfalls durch das Handeln des Vaters, der den Konflikt dadurch lösen will, dass er Blanca ins Kloster abschiebt und Julius mit Gräfin Cäcilia zwangsverheiraten möchte. Der Sohn kritisiert dieses Verhalten, „ach, Sie wissen es, ich habe diese Saite niemals berührt, daß mein Vater Blancan ins Kloster bringen ließ.“ (III, 5) Und am Ende räumt der Fürst seinen Fehler ein: „Guidon strafe ich – und wer ließ Blanca ins Kloster bringen?“ (V, 7) Der Versuch, über ein beherztes Eingreifen die Temperamente der Söhne zu zügeln, misslingt also. Er führt stattdessen zur Eskalation, weil er die Söhne zum unmittelbaren Handeln zwingt.

Klarer ist die Erziehungskritik in Klingers *Die Zwillinge* fassbar, denn für das Fehlverhalten der Eltern sprechen zumindest drei handfeste Indizien: Im Rückblick auf die Kindheit wird *erstens* eine *Benachteiligung* des jüngeren Sohnes angedeutet.

> Wie er alles hatte! Kriegten wir Spielzeug, Zuckerbrot, das Beste hatt er. Und so mit allen Dingen, wie wir heranwuchsen. Um ein junges neapolitanisches Hengstchen flehte ich einstens, lag zu des alten Guelfos Füßen und netzte sie. Nichts! Ferdinando hatt es, ob er sich schon nicht im Sattel halten konnte, und blutig zurückkam. (I, 2)

Interessant an dieser Kindheitsepisode ist überdies die Reaktion Guelfos. „Da wollt er mir's geben; aber nieder stieß ich den flüchtigen Springer im Grimm.“ (I, 2) Der kindliche Trotz, der sich in dieser Szene äußert, bestimmt noch in der Gegenwart das Handeln der Figur, was als Hinweis darauf verstanden werden muss, dass Kindheitserfahrungen für das Verhalten des Erwachsenen prägend sind. Augenfällig ist *zweitens* die *emotionale Vernachlässigung* des jüngeren Sohnes. Während Ferdinando – so ist jedenfalls der Blick Guelfos auf die familiäre Konstellation – von

Vater und Mutter „gekost, geleckt, geliebt“ wird, stehe er „allenthalben in der Rechnung ein garstiges Nichts.“ (I, 1) Dieser Eindruck bestätigt die von Liebe geprägte Beziehung zwischen dem alten Guelfo und Ferdinando. Der ältere Bruder fühlt diese Vaterliebe nicht nur, sondern sie wird vom Vater auch ausgesprochen und durch körperliche Gesten ausgedrückt: „Ferdinando weiß mit Liebe des Alten Herz warm zu halten. Ferdinando! Ferdinando! Gepriesen sei Gott, daß ich dich wieder einmal in meinen Armen halten kann! daß ich die Wonne fühle, das treue Kind fest an mich zu drücken! Laß dich recht drücken, Guelfos Zierde!“ (II, 2) Dass diese Liebe nicht nur eine Herzensangelegenheit ist, sondern auch machtpragmatische Interessen verfolgt, wird unmittelbar im Anschluss evident:

> Ich muß es erleben, was aus meinem Ferdinando wird. Jüngst war so ein Hofschranze hier, der erzählte Wunderdinge (und mochte ihn wohl heimlich hetzen) was man aus dir so große Dinge machte – wie schon alle große Häuser aufmerksam würden – daß du des Herzogs rechter Arm wärst – Ha! dacht ich bei mir – seht nur auf Guelfos Stamm – er soll bald Herzog sein. (II, 2)

Während Ferdinando also geliebt wird und der ganze Stolz des Vaters ist, charakterisiert das Verhältnis Guelfos zu seinen Eltern körperliche und emotionale Distanz. Vater und Sohn haben sich nichts zu sagen, und die Annäherung der Mutter weist Guelfo deshalb zurück, weil er sie als bloßes Mittel der Deeskalation versteht: „Oh! Ich bitte, mit all dem Kosen und Streicheln lassen Sie mich! Meine Wangen sind der milden sanften Hand der Mutter ungewohnt.“ (I, 3) Das *dritte* Indiz einer fehlgeleiteten Erziehung ist der Versuch des Patriarchen, den verlorenen Sohn zu „zähmen“, ihn zur „Liebe [zu] zwingen“. Dieser Versuch, die Leidenschaften Guelfos zu bändigen, schließt auch das Mittel der körperlichen *Züchtigung* mit ein:

> Sie rissen mich weg, und der alte Guelfo gab mir mit meiner Lanze, die hinter der Tür stund, einen Schlag, der mich noch schmerzt. Ich schwieg, blickt ihn an, und sah den Augenblick, daß er mein Vater nicht ist. Ein Vater, Grimaldi, kann den heißen Guelfo nicht schlagen. Aber, Alter! ich will auch unfreundlich hineinschlagen! Rauf deine grauen Haare! – Ha! noch schmerzen mich meine Lenden. Und sie alle netzten Ferdinando mit Tränen, schrieen, als hätt ich sie an der Gurgel: ‚Einziger, rette uns!‘ – Merkst du das Wort? Einziger! Wieviel darinnen liegt! (III, 1)

Benachteiligung und Vernachlässigung einerseits, die repressive Bändigung der Leidenschaften andererseits, lassen sich demnach als Verhaltensweisen des patriarchalen Systems gegenüber dem jüngeren Sohn bestimmen. Damit scheint das Drama eine Erklärung zu geben, wie die im Sturm und Drang positiv besetzten Eigenschaften Mut, Stärke und Tatkraft in Hass und Sadismus umschlagen konnten, wie aus dem Naturmenschen schließlich ein demoliertes Kraftgenie wird. Gestützt wird diese These durch die Figur Grimaldi, deren Charakter eine ähnliche Deformation erkennen lässt. Grimaldi stellt dabei das Pendant zum Kraftkerl Guelfo dar, da er die zweite für den Sturm und Drang-Helden zentrale Eigenschaft vertritt: die Empfindsamkeit. Der junge Grimaldi, so lässt sich dieser Erzählstrang aus der Zeit vor Beginn der Handlungszeit rekonstruieren, und die Tochter des alten Guelfo waren ein Liebespaar. Grimaldi wurde allerdings als potentieller Ehemann vom Vater nicht gebilligt:

> Grimaldi: Ja, meine Juliette! Hier war's, wo ich der Liebe weinte; hier ist's, wo ich der Liebe sterbe. Ha! und war's nicht hier, wo dein Ferdinando sagte, unsre Liebe gelte nichts? Sagt' er so? Nein! Du solltest den reichen Grafen heiraten; so sagt' er. Aber mein Herz sagte, Juliette wird's nicht tun! Sie tat's auch nicht [...] O Juliette! Juliette! (II, 4)

Deutlich wird hier nicht nur, dass Ferdinando die Prinzipien des väterlichen Systems durchsetzt, sondern auch, dass dieses System zudem die Staats- und Familienräson über den Wert der Liebe stellt, was für die Liebenden tragische Konsequenzen hat: Juliette „vermählte [sich] mit dem Tod" (II, 4), während Grimaldi in Folge dieses Freitodes depressiv und selbstmordgefährdet ist. Damit etabliert der Text einen zweiten gebrochenen Helden, der das Resultat väterlicher Repression ist.

Kain und Abel revisited

Die Frage, wer an der Zerstörung von Familie und Staat Schuld trägt, beantworten beide Dramen differenziert: Die Katastrophe ist sowohl verursacht durch den Egoismus der Kinder als auch durch die Väter, die dadurch zur Eskalation der Ereignisse beitragen, dass sie auf die Temperamente der Söhne falsch reagieren.

Trotz dieser Mitschuld wird die Form der Auflehnung gegen das System in den Texten eindeutig als illegitim betrachtet, was in beiden Fällen durch Bezüge zum Bibelmythos von *Kain und Abel* zum Ausdruck gebracht wird. Explizite Verweise auf die biblische Geschichte finden sich in Klingers Stück, wo sich der alte Guelfo als Adam, seine Frau als Eva und den Sohn Guelfo als Kain bezeichnet. In *Julius von Tarent* stellt sich Guido in die Tradition des biblischen Brudermörders, wenn er auf das „Brandmark“ (V, 6) an seiner Stirn verweist. Klingers Drama ist auch in diesem Punkt radikaler. Während Guido seine Tat bereut, stilisiert Guelfo den Mord zur legitimen Rache am „Dieb der Erstgeburt“ (IV, 5).

Was bedeuten diese Bibelreferenzen? Die Texte thematisieren anhand der jüngeren Söhne das Gefühl der sozialen Ungleichheit sowie die Beschneidung ihrer Persönlichkeit. Anstatt aber moderate Formen des Protests zu wählen, gestalten sie die Revolte in der schlimmstmöglichen Form. Sie gipfelt in einer tabuisierten Tat, die eklatant gegen die christliche Werteordnung verstößt: Die Tötung des Bruders ist nicht nur ein zeichenhafter Aufstand gegen den leiblichen Vater, sondern auch gegen Gott.

Entscheidend ist die Wirkung, die ein solch radikales Vorgehen auf denjenigen Zuschauer ausgeübt haben muss, der prinzipiell mit den jugendlichen Helden sympathisierte. Ein solcher Rezipient muss schließlich eingesehen haben, dass die traditionelle Ordnung ohne Alternative ist. Die erfolgreiche Auflehnung der Söhne würde nämlich, mit Karl Moor aus Schillers *Räubern* gesprochen, „den ganzen Bau der sittlichen Welt zugrund richten.“ Das egomanische Verhalten des Kraftkerls, der buchstäblich über Leichen geht, steht jedenfalls für kein neues, besseres System. Im Gegenteil: Die Charaktere Guelfo und Guido tragen Züge von geistesgestörten Tyrannen und daher wäre ihre Herrschaft ein zivilisatorischer Rückschritt. Die Vehemenz, mit der die jüngeren Söhne opponieren, stützt also letztlich die Werte des alten Systems.

Das von den Söhnen verursachte Machtvakuum, das sich am Ende beider Dramen auftut, verdeutlicht das ideologische Vakuum weiter Teile der Sturm und Drang-Literatur: Zwar beschwor die Bewegung emphatisch Aufbruch, Freiheit und Selbstbestimmung, ohne allerdings eine Gesellschaft zu skizzieren, in der ein solches Leben möglich wäre: Absolute Freiheit findet Werther nur in der menschenleeren Natur oder der Literatur, im Falle von Julius führt der Versuch, ein alternatives Leben zu beschreiben, zu idyllisch-irrealen Entwürfen einer staatenlosen Welt. (II, 5) Innerhalb des gesellschaftlichen Wertesystems verlieren die Rebellen hingegen in den meisten Fällen ihre moralische Integrität. Bei aller gerechtfertigten Kritik an der vorfindlichen Realität behauptet sich diese Wirklichkeit deshalb letztlich als alternativlos.

Aus literarischer Sicht ist das Scheitern der Jugend aber weniger als Ausdruck eines Mangels an Alternativen als vielmehr programmatisch zu verstehen: Im Sturm und Drang geht es nicht um eine Politik der kleinen Schritte, um mühsame Reformen des traditionellen Systems. Es geht vielmehr um das außergewöhnliche Individuum, das gerade im Akt der Rebellion und des Scheiterns seine ganze Größe zur Schau stellen kann. Und ähnlich wie in den Texten verhält es sich im literarischen Feld. Je radikaler der ästhetische Entwurf, desto deutlicher artikuliert sich das dichterische Genie. Nicht zuletzt hierin könnte begründet liegen, warum sich die Bewegung in einem Überbietungswettbewerb rasch erschöpft.

Literatur

Cornelia **Blasberg**: Ein „kopirendes Original“: F.M. Klingers Trauerspiel „Die Zwillinge“ zwischen Geniekult und Traditionsbindung. In: Jahrbuch der Deutschen Schillergesellschaft 38 (1994), S. 39–64

Stefanie **Wenzel**: Das Motiv der feindlichen Brüder im Drama des Sturm und Drang. Frankfurt am Main u.a. 1993

9

Summe, Überbietung, Nachhall – Schillers *Die Räuber* (1781)

Schon lange, bevor sie in Weimar das berühmteste Duumvirat der deutschen Literaturgeschichte bilden, begegnen sich Goethe und Schiller ein erstes Mal – wenn ‚begegnen' denn das richtige Wort ist. Als im Jahr 1779 die Abschlussjahresfeier der Stuttgarter Karlsschule abgehalten wird, steht Goethe neben dem Weimarer Herzog als Ehrengast auf der Empore und beobachtet „mit milder Herablassung eine Preisverleihung, bei der auch Schiller einige Auszeichnung erhielt" (Safranski, S. 55). Ein symbolisches Bild: Unten im Parkett der ehrgeizige, literarisch und philosophisch ambitionierte Schüler Schiller, der gerade an seinem ersten Stück arbeitet, oben auf der Empore der seriöse Staatsmann Goethe, der sich bereits losgesagt hat von der „berühmte[n] und verrufene[n] Literaturepoche, in welcher eine Masse junger genialer Männer mit aller Mutigkeit und aller Anmaßung" (HA, Bd. 9, S. 520) hervorgebrochen waren, um sich ins „Grenzenlose" zu verlieren. Ein Jahr später wird der Sturm und Drang mit der Falschmeldung von Lenz' Tod dann endgültig zeichenhaft beerdigt – und wiederum ein Jahr später debütiert Schiller mit dem Lesedrama Die Räuber *in der literarischen Öffentlichkeit.*

Die Abfolge dieser drei Ereignisse erhellt, warum die Literaturgeschichtsschreibung bis heute große Probleme hat, Schillers Debüt und überhaupt sein Frühwerk einzuordnen. Einerseits gehört Schiller offenkundig aus chronologischen, generationellen und topographischen Gründen nicht mehr zum Sturm und Drang. Andererseits knüpft er mit den *Räubern* thematisch und stilistisch in einer Weise an Werke wie den *Götz* oder die Brüder-Dramen von Leisewitz und Klinger an, führt einen derart intensiven intertextuellen Dialog mit diesen Vorgängern, dass sein Stück sich geradezu als Summe der Strömung verstehen lässt. Summe oder „Nachhall" (Volke, S. 295) also, Sturm und Drang oder nicht? Ist eine eindeutige Beantwortung dieser Frage überhaupt möglich und sinnvoll? Wir werden es im Folgenden mit der Band *Fettes Brot* halten: „Soll ich's wirklich machen oder lass ich's lieber sein? Jein ..." Genauer: Zunächst wird zu zeigen sein, dass Schiller sich im üppigen paratextuellen Rahmen, mit dem er sein Schauspiel umgeben hat, im Zeichen der Stürmer und Dränger inszeniert, um an die knappe Ressource Aufmerksamkeit zu gelangen, ja dass er deren Selbstdarstellungen aus resonanzstrategischem Kalkül überbietet – schließlich ist das Modell mittlerweile etabliert und muss daher zur effektiven Aufmerksamkeitserregung radikalisiert werden. Und von dieser paratextuellen Lektürelenkung aus wird anschließend deutlich werden, dass auch das Schauspiel selbst durchaus Merkmale des Sturm und Drang aufweist, in ebenfalls radikalisierter Variante, zugleich aber auf die Aufklärung zurück- und auf Schillers weitere Entwicklung vorausweist.

Die paratextuelle Inszenierung der *Räuber*

Die Einsicht Gérard Genettes, dass ein Text sich „selten nackt, ohne Begleitschutz einiger gleichfalls verbaler oder auch nicht-verbaler Produktionen" (S. 9) präsentiert, die wesentlich eine rezeptionslenkende Funktion erfüllen, gilt für Schillers dramatischen Erstling in hohem Maß. Denn neben der offiziellen gibt es noch eine unterdrückte Vorrede, eine weitere zur „zwoten Auflage", eine waschzettelartige Notiz (*Der Autor an das Publikum*), die Schiller zur Verteilung an das Publikum der Uraufführung an den Intendanten Dalberg schickt, sowie eine ausführliche Selbstrezension im *Wirtembergischen Repertorium.* Schiller hatte offensichtlich nichts weniger im Sinn, als seinen Text nach der Fertigstellung in eine freie Rezeption zu entlassen, sondern wollte vielmehr seine ‚richtige' Aufnahme beim Publikum gewährleisten und sich als Autor profilieren bzw. positionieren. Vor allem geht es ihm darum, die Natürlichkeit des Textes, d.h. die Authentizität seiner Figuren zu beglaubigen – und damit einhergehend die Authentizität ihres Autors.

Gleich mit dem Einstieg in die veröffentlichte Vorrede erzielt Schiller einen Überraschungseffekt, indem er dort von etwas spricht, das gemeinhin für eine große Schwäche eines Theaterstücks gehalten wird: dessen mangelnde Eignung für die Bühne. Sein Stück „geize" nämlich nicht „nach dem so zweifelhaften Gewinn bei theatralischer Verkörperung" und sowohl seine „Masse" als auch sein Inhalt würden es notwendig „von der Bühne verbanne[n]". Zunächst mag dies wie eine vorauseilende Selbstberuhigung erscheinen für den Fall, dass sein dramatisches Debüt nie die Bretter der Bühne erreicht, denn Schiller kann ja noch nicht wissen, ob sein Stück überhaupt aufgeführt wird. Doch Schiller geht es vorrangig um etwas anderes, und zwar darum, diese vermeintliche Schwäche in eine besondere Stärke umzudeuten und sein Stück damit aufzuwerten, seine Überlegenheit gegenüber der zeitgenössischen Theaterproduktion zu behaupten. Denn zum einen betont die unterstellte Unaufführbarkeit den Wert des Textes als Text, der einer Aufführung gar nicht bedarf, und zum anderen behauptet sie seine Neuheit bzw. Fortschrittlichkeit – die Theaterlandschaft ist gleichsam noch nicht reif für sein Schauspiel. Vor allem zwei Aspekte sind es, mit denen er diese Dignität seines Stückes begründet. Erstens streicht er die *psychologische Authentizität* seines Stückes heraus, indem er die Wahl der Gattung begründet: In der veröffentlichten Vorrede bezeichnet er sein Stück nicht als ‚Drama', sondern als „dramatische Geschichte" und spricht von den „Vorteile[n] der dramatischen Methode, die Seele gleichsam bei ihren geheimsten Operationen zu ertappen". Diese psychologische Tiefe und Echtheit sei nicht zu erreichen, schließt Schiller an die Stürmer und Dränger an, wenn man sich schülerhaft an die aristotelischen Einheiten halte, wie die französischen Klassizisten. Denn „auch dem durchdringendsten Geisterkenner" sei es nicht möglich, drei „außerordentliche Menschen" in nur „vier und zwanzig Stunden [zu] entblößen. Hier war Fülle ineinandergedrungener Realitäten vorhanden, die ich unmöglich in die allzuengen Palisaden des Aristoteles und Batteux einkeilen konnte." In der unterdrückten Vorrede formuliert Schiller noch deutlicher über das „Vorrecht der Dramatischen Manier":

> Ich kann demnach eine Geschichte Dramatisch abhandeln, ohne darum ein Drama schreiben zu wollen. Das heißt: Ich schreibe einen dramatischen Roman, und kein theatralisches Drama. Im ersten Fall darf ich mich nur den allgemeinen Gesetzen der Kunst, nicht aber den besondern des Theatralischen Geschmacks unterwerfen.

Verbunden ist dieser Anspruch auf Echtheit der Psychologie, mit dem die Erkenntnisleistung des Stückes akzentuiert wird, zweitens mit der Behauptung *mimetischer Authentizität.* Schiller bezeichnet sich nämlich als „Menschenmaler", der keine „Kopie der wirklichen Welt und keine idealischen Affektationen, keine Kompendienmenschen will geliefert haben." „Ich denke", versichert er sich und damit dem Leser, „ich habe die Natur getroffen", er habe „die Natur gleichsam wörtlich abgeschrieben". Mit dieser Betonung der ‚Natürlichkeit' seiner Figuren rückt er sein Stück in den Kontext der Naturemphase des Sturm und Drang.

Aber Schiller bleibt nicht bei dem Anspruch auf eine mimetische Genauigkeit seiner Figurendarstellung stehen, sondern legitimiert mit ihr darüber hinaus eine Ästhetik des Bösen bzw. Schrecklichen, die sich als Überbietung des bisherigen Theaters im Allgemeinen und der Sturm und Drang-Stücke im Besonderen verstehen lässt. „Man trifft hier Bösewichter an", verspricht Schiller in der unterdrückten Vorrede fast marktschreierisch,

> die Erstaunen abzwingen, ehrwürdige Missetäter, Ungeheuer mit Majestät; Geister, die das abscheuliche Laster reizet, um der Größe willen, die ihm anhänget, um der Kraft willen, die es erfordert, um der Gefahren willen, die es begleiten. Man stößt auf Menschen, die den Teufel umarmen würden, weil er der Mann ohne seinesgleichen ist; die auf dem Weg zur höchsten Vollkommenheit die unvollkommensten werden [...]. Mit einem Wort, man wird sich auch für meine Jagos interessieren, man wird meinen Mordbrenner bewundern, ja fast sogar lieben.

Und in der veröffentlichten Vorrede kündigt Schiller zwar etwas weniger grell, aber immer noch werbewirksam genug an, in seinem Schauspiel „das Laster in seiner nackten Abscheulichkeit [zu] enthüllen, und in seiner kolossalischen Größe vor das Auge der Menschheit zu stellen [...]. Das Laster wird hier mit samt seinem ganzen innern Räderwerk entfaltet." Damit verleiht Schiller dem Genie-Begriff des Sturm und Drang eine provozierende Wendung, indem er das Böse in den Geist und die schöpferische Kraft des Genies aufnimmt und es damit an amoralischer Größe gewinnen lässt. Und um dieses geniale Böse gültig abkonterfeien zu können, so ‚beweist' Schiller seine Authentizität als Autor, musste er selbst „augenblicklich seine nächtlichen Labyrinthe durchwandern".

Doch auch mit dieser Überbietungsgeste in Sicht auf die Psychologie bzw. die ‚kolossalische Größe' seiner Figuren lässt es Schiller noch nicht bewenden, sondern folgert aus ihr einen zweiten Grund, warum er sein Stück nicht der Bühne anvertrauen kann: Er stilisiert sich in beiden Vorreden scheiternsprophylaktisch zum Typus des verkannten Genies, dessen Absichten und Größe nur von den *happy few* erkannt werden könnten, nicht aber vom ‚normalen' Theaterbesucher. Die unterdrückte Vorrede bietet sogar eine regelrechte Publikumsbeschimpfung:

> Die Kenner, die den Zusammenhang des Ganzen befassen und die Absicht des Dichters erraten, machen immer das dünnste Häuflein aus. Der Pöbel hingegen (worunter ich s.v.v. nicht die Mistpantscher allein, sondern auch und noch viel mehr manchen Federhut und manchen Tressenrock und manchen weißen

> Kragen zu zählen Ursache habe,) der Pöbel, will ich sagen, würde sich durch eine schöne Seite bestechen lassen, auch den häßlichen Grund zu schätzen [...] und seine eigene Kurzsichtigkeit den armen Dichter entgelten lassen [...].

Das Publikum, schimpft der Debütant selbstbewusst weiter, sei so zerstreuungssüchtig wie kenntnislos, und dem entspreche ein gegenwärtiges Theaterwesen, dessen mangelnde Lebendigkeit ihn „schröckte". Daher, folgert Schiller, „will ich nicht bergen, daß ich der Meinung bin, der Applausus des Zuschauers sei nicht immer der Maßstab für den Wert eines Dramas." In der gedruckten Vorrede hat Schiller die publikumsbeschimpfenden Passagen gekürzt und abgemildert, den Gestus aber grundsätzlich beibehalten. In der offiziellen Version heißt es nun:

> Der Pöbel, worunter ich keineswegs die Gassenkehrer allein will verstanden wissen, der Pöbel wurzelt (unter uns gesagt) weit um und gibt zum Unglück – den Ton an. Zu kurzsichtig, mein *Ganzes* auszureichen, zu kleingeistisch, mein Großes zu begreifen, zu boshaft, mein *Gutes* wissen zu wollen, wird er, fürchten' ich, fast meine Absicht vereiteln wird vielleicht eine Apologie des Lasters, das ich stürze, darin zu finden meinen, und seine Einfalt den armen Dichter entgelten lassen, dem man gemeiniglich alles, nur nicht Gerechtigkeit widerfahren läßt.

Am Ende der Vorrede schwingt Schiller dann von der Ästhetik des Schrecklichen und der Publikumsbeschimpfung zu einer moraldidaktischen Kurzinterpretation seines Schauspiels um: „Ich darf meiner Schrift zufolge ihrer merkwürdigen Katastrophe mit Recht einen Platz unter den moralischen Büchern versprechen; das Laster nimmt den Ausgang, der seiner würdig ist. Der Verirrte tritt wieder in das Geleise der Gesetze. Die Tugend geht siegend davon" – davor allerdings, so das kaum verborgene Versprechen, hat das Stück einigen Schauwert zu bieten.

Das häßliche Genie Franz Moor

In einer anonymen Rezension im Magazin der *Philosophie und schönen Literatur* moniert ein Kritiker den „*Geist einiger der neuesten dramatischen Produkte*", die die „*Moralität des Publikums*" (zit. nach Grawe, S. 227ff.) untergraben würden. In erster Linie zielt diese Feststellung auf Schillers Schauspiel über *Die Räuber* ab, das besonders die Jugend mit einem Gift imprägniere, „das itzt schon manche [...] Bande in manchen Zirkeln der Familien aufzulösen drohet." Schillers Versuch, seinem Werk über die Vorrede moralische Weihen zu verleihen, blieb zumindest in diesem Fall fruchtlos: „ist es möglich“, wendet sich der Rezensent schließlich gegen Schiller persönlich, „kann das die poetische Geburt eines civilisirten Menschen seyn?“ Ausgelöst wurde die Kritik an Schillers Stück vor allem durch die Figuren Franz und Karl Moor, die ‚kolossalen‘ Söhne eines gutmütigen und liebevollen Landes- und Familienvaters. In diesen „Extremformen der Verselbstung“ (Hinderer, S. 200) erfüllt sich also das Versprechen der Vorrede, und auf sie werden wir uns daher im Folgenden konzentrieren.

Das Stück schließt konzeptionell zwar grundsätzlich an die Bruderkonflikte im Sturm und Drang an, allerdings nach dem Prinzip ‚schneller, höher, stärker‘: Die Schlagzahl wird deutlich erhöht. Karl und Franz Moor verkörpern noch stärkere Gegensätze als Klingers *Zwillinge* oder die Brüder in Leisewitz' *Julius von Tarent*, sie vertreten noch radikalere Positionen als ihre literarischen Vorgänger – und, das ist die entscheidende Radikalisierung des Bruderkonflikts: Das System Familie wird von ihnen nicht im Affekt untergraben, sondern soll vielmehr vorsätzlich bzw. systematisch zerstört werden; in dieser Hinsicht lassen die auf den ersten Blick so unterschiedlichen Brüder durchaus Parallelen in ihren Handlungsweisen erkennen und ergänzen sich in ihren Absichten mitunter komplementär.

Die Destruktion des Ordnungsmodells ‚Familie‘ wird besonders vom jüngeren Sohn Franz Moor betrieben, der sich durch den Tatbestand der Zweitgeburt und seine außergewöhnliche Hässlichkeit deklassiert fühlt. Beides empfindet er als ungerecht und leitet daraus das Recht zur Auflehnung sowohl gegen die väterlichen als auch die göttlichen Gesetze ab.

> Das Recht wohnet beim Überwältiger, und die Schranken unserer Kraft, sind unsere Gesetze. […] Frisch also! mutig ans Werk! – Ich will alles um mich her ausrotten, was mich einschränkt, daß ich nicht *Herr* bin. *Herr* muß ich sein, daß ich das mit Gewalt ertrotze, wozu mir die Liebenswürdigkeit gebricht. (I, 1)

Die religiösen und weltlichen Gesetze besitzen für ihn keine Gültigkeit, stattdessen schafft sich Franz seine eigenen Gesetze, die selbst – auch hierin wird das System Sturm und Drang an seine Grenze geführt – die Ermordung des Vaters legitimieren. Moralisch rechtfertigt er diesen Schritt mit aufklärerischen Theoremen, hinter denen ein radikal-säkulares, materialistisches Menschenbild zum Vorschein kommt. In einem Monolog (I, 1) entwickelt Franz in logischer Schrittfolge, warum die „Blutliebe“ für ihn keine Relevanz mehr hat:

Erstens beruhe seine Zeugung nicht auf Liebe, sondern auf Sexualität. Intention des sexuellen Aktes sei nämlich primär die Befriedigung „viehischer Begierden“, und nur gewissermaßen nebenbei diene er der Zeugung eines Kindes. Zweitens könne der Sexualakt überhaupt nicht intentional auf das spätere Kind bezogen werden, könne der Vater sich also nicht ausgerechnet *ihn* als Kind gewünscht haben, da er nicht wusste, „was ich werden würde“. Und drittens setze Liebe Individualität voraus, die zum Zeitpunkt der Zeugung noch nicht existiert haben kann: „Kann ich eine Liebe erkennen, die sich nicht auf Achtung gegen mein *Selbst* gründet? Konnte Achtung gegen mein Selbst vorhanden sein, das erst dadurch entstehen sollte, davon es die Voraussetzung sein muß?“

Franz negiert also die nach christlicher Auffassung ‚heilige‘ Vaterliebe und erhöht den geplanten Vatermord darüber hinaus zum Plan eines genialen Geistes: „Wer es verstünde, dem Tod diesen ungebahnten Weg in das Schloß des Lebens zu ebenen! – den Körper vom Geist aus zu verderben – ha! ein Originalwerk! – wer das zustand brächte! – Ein Werk ohnegleichen!“ (II, 1) Franz Moor befördert sich zum ‚first maker‘ („Herr muß ich sein“), der an die Stelle Gottes treten und die Natur nach seiner Moral gestalten will. Der im Denken der Aufklärung prinzipiell angelegte Gedanke des *anything goes* verbindet sich in seinen Überlegungen mit dem Geniekonzept des Selbsthelfers.

Mit Franz präsentiert sich also alles in allem eine neue Spielart des egomanischen Genies, dessen Handeln nicht Ausdruck einer zügellosen Leidenschaft, sondern vielmehr der Überbetonung des Verstandes ist. Franz wird als Sohn der Aufklärung konzipiert, allerdings als missratener Sohn, dessen jugendliche Hybris sich gegen die religiösen und säkularen Moraldogmen der Aufklärung wendet. Sein Selbsterhebungsprojekt scheitert kläglich, am Ende erwacht im „Rationalisten und Gottesleugner [Franz] der Metaphysiker, den die Erinnerung an eine ferne […] religiöse Erziehung“ (Sautermeister, S. 43) zunächst in paranoide Angst versetzt und schließlich in den Selbstmord treibt.

„O über mich Narren“: Das Kraftgenie Karl Moor

Im Gegensatz zur Intelligenzbestie Franz repräsentiert Karl Moor den Typus des ungeschliffenen Kraftkerls, der gegen das „schlappe Kastratenjahrhundert“ wettert, das Abtöten „der gesunden Natur mit abgeschmackten Konventionen“ beklagt und die Gesetze kritisiert, die die freie Entfaltung seiner Kräfte hemmen: „Das Gesetz hat zum Schneckengang verdorben, was Adlerflug geworden wäre. Das Gesetz hat noch keinen großen Mann gebildet, aber die Freiheit brütet Kolosse und Extremitäten aus." (I, 2) Sich selbst sieht er als großes Individuum, dass das Zeug dazu hat, den *politischen* Umsturz zu betreiben: „Stelle mich vor ein Heer Kerls wie ich, und aus Deutschland soll eine Republik werden […]." (I, 2) Die Karriere als Revolutionär soll allerdings nicht stattfinden, da Karl zunächst ein ganz anderes, privates Projekt verfolgt: Er will sich mit dem Vater aussöhnen, der erzürnt über sein zügelloses Studentenleben ist. Hierfür hat Karl einen Brief verfasst und rechnet nun mit der baldigen Absolution. Dem Angebot Spiegelbergs, Führer einer Räuberbande zu werden, erteilt er deshalb eine Absage:

> Steig du auf Schandsäulen zum Gipfel des Ruhms. Im Schatten meiner väterlichen Haine […] lockt mich ein edler Vergnügen. Schon die vorige Woche hab ich meinem Vater um Vergebung geschrieben, hab ihm nicht den kleinsten Umstand verschwiegen, und wo Aufrichtigkeit ist, ist auch Mitleid und Hilfe. Laß uns Abschied nehmen, Moritz. […] Die Post ist angelangt. Die Verzeihung meines Vaters ist schon innerhalb dieser Stadtmauren. (I, 2)

Karl Moor geht also davon aus, dass dem reumütigen Sünder vergeben wird und der „verlorene Sohn" wieder in den Schoß der Familie zurückkehren darf. Das daraus zunächst nichts wird, hat er seinem Bruder Franz zu verdanken, der das Schreiben Karls unterschlägt, dem Vater stattdessen einen gefälschten Brief unterschiebt und ihn so davon überzeugt, sich endgültig von Karl loszusagen: „Ich will ihm schreiben, daß ich meine Hand von ihm wende." (I, 1) Diese Intrige hat schwerwiegende Konsequenzen. Als Karl die Mitteilung erhält, dass der Vater ihm nicht vergibt, fällt er in zweierlei Hinsicht vom Glauben ab. Er zweifelt am System Familie, und, was sich im weiteren Handlungsverlauf als noch gravierender herausstellen wird, an einer gerechten Weltordnung überhaupt:

> aber wenn Blutliebe zur Verräterin, wenn Vaterliebe zur Megäre wird, o so fange Feuer, männliche Gelassenheit, verwilde zum Tiger, sanftmütiges Lamm, und jede Faser recke sich auf zu Grimm und Verderben. […] Ich hab ihn so unaussprechlich geliebt! so liebte kein Sohn, ich hätte tausend Leben für ihn – […]. Ha! wer mir itzt ein Schwert in die Hand gäb, dieser Otterbrut eine brennende Wunde zu versetzen! wer mir sagte, wo ich das Herz ihres Lebens erzielen, zermalmen, zernichten – er sei mein Freund, mein Engel, mein Gott – ich will ihn anbeten! (I, 2)

Der Handlungskonflikt wird also im biblischen Schema vom ‚verlorenen Sohn' entworfen. Dieses Schema kann sich aber deshalb zu diesem Zeitpunkt noch nicht erfüllen, weil Franz Moor die vorgesehene Vergebung durch den Vater verhindert. Karl fühlt sich deshalb den Gesetzen nicht mehr verpflichtet, er tritt aus der Wertegemeinschaft aus und wird in der Folge versuchen, die Ungerechtigkeiten zu beseitigen. Der Auslöser dafür, dass Karl Räuber wird, ist also privater Natur. Weil aber Familie und Gesellschaft in einem Verhältnis der Homologie stehen, rechtfertigt die *private* Tragödie die *politische* Mission. Durch sein Räubertum will er die mit Füßen getretene Ordnung wiederherstellen, will die „politischen Missverhältnisse dieser Welt“ (Luserke-Jaqui, S. 44) beseitigen.

Diese politische Rebellion wird religiös gerechtfertigt. Mordet der überwiegende Teil der Bande nur „um des Raubes willen“ (II, 3), so stilisieren sich ihre Führer zum würdigen „Werkzeug in der Hand der Vorsehung.“ (I, 2) Sie wollen das „Gleichgewicht der Güter wiederherstellen, mit einem Wort, das goldne Alter wieder zurückrufen, dem lieben Gott von manchem lästigen Kostgänger helfen.“ (I, 2) Karls Position erweist sich dabei als besonders radikal, handelt er doch im Bewusstsein, dass die von den Räubern betriebene „Wiedervergeltung“ und „Rache“ (II, 3) weit über den Willen Gottes hinausgeht. Was er getan habe, werde er „ohne Zweifel einmal im Schuldbuch des Himmels lesen.“ (II, 3) Karl emanzipiert sich von Gott, mehr noch, er spielt sich selbst als göttliche Instanz auf, die über Leben und Tod entscheidet. Vor dem Hintergrund dieses Selbstbildes hofft er darauf, sein ‚autonomes Ich‘ im Falle seines Todes mit ins Jenseits nehmen zu können:

> Sei, wie du willt, *namenloses Jenseits* – bleibt mir nur dieses mein *Selbst* getreu – Sei wie du willt, wenn ich nur *mich selbst* mit hinübernehme. – Außendinge sind nur der Anstrich des Manns – *Ich* bin mein Himmel und meine Hölle. (IV, 5)

Das Diktum ‚Ich bin mein Himmel und meine Hölle‘ lässt ein anthropologisches Konzept erkennen, das von den Entwürfen in den ‚klassischen‘ Dramen des Sturm und Drang abweicht. Knapp gesagt: Werden dort die moralischen Maßstäbe in letzter Konsequenz von der göttlichen Ordnung abgeleitet, so ist der Sitz der Moralität in Schillers Stück im Menschen selbst zu suchen.

Über weite Strecken des Dramas wird vorgeführt, dass dieses Selbstbild zu unmoralischem Handeln führt, dass der selbsternannte Rächer die Welt also nicht verbessert, sondern ins Chaos stürzt. Vermeintlich präsentiert das Stück damit im Schema der Sturm und Drang-Dramen eine Lösung, die die Ordnung wieder ins Recht setzt. Aussagekräftig ist in diesem Zusammenhang vor allem der lange Schlussmonolog Karls, in dem der reumütige Sohn Wiedergutmachung für seine Taten ankündigt:

> O über mich Narren, der ich wähnete die Welt durch Greuel zu verschönern, und die Gesetze durch Gesetzlosigkeit aufrecht zu halten. Ich nannte es Rache und Recht – Ich maßte mich an, [...] die Scharten deines Schwerts auszuwetzen und deine Parteilichkeiten gutzumachen – aber – O eitle Kinderei – da steh ich am Rand eines entsetzlichen Lebens, und erfahre nun mit Zähnklappern und Heulen, daß *zwei Menschen wie ich den ganzen Bau der sittlichen Welt zugrund richten würden.* Gnade – Gnade dem Knaben, der *Dir* vorgreifen wollte – *Dein* eigen allein ist die Rache. *Du* bedarfst nicht des Menschen Hand. [S]chon bleibt verdorben, was verdorben ist – was ich gestürzt habe, steht ewig niemals mehr auf – Aber noch blieb mir etwas übrig, womit ich die beleidigte Gesetze versöhnen, und die mißhandelte Ordnung wiederum heilen kann. Sie bedarf eines Opfers – eines Opfers, das ihre unverletzbare Majestät vor der ganzen Menschheit entfaltet – dieses Opfer bin ich selbst. [...] Er soll mich lebendig haben. Ich geh, mich selbst in die Hände der Justiz zu überliefern. (V, 2)

Karl Moor erkennt seine Schuld folglich an und fügt sich nach der zwischenzeitlichen Rebellion wieder in die göttliche Ordnung der Welt ein, die Läuterung ist vollzogen. Dennoch siegt die Restauration nicht in der Weise, die sich in den anderen Dramen des Sturm und Drang beobachten ließ. Denn, wie sich mit Gerhard Kaiser sagen lässt, die „alte patriarchalische Ordnung der Gesellschaft [...] ist zerschlagen, das Verhältnis zum göttlichen Vater [...] ist als erneuertes ein verändertes: es ist frei akzeptiert, nicht mehr ererbte Geborgenheit“ (S. 285). Im Vergleich zwischen Goethes Götz und Schillers Karl Moor veranschaulicht: Während für Götz die ganze Welt ein Gefängnis und Freiheit im Diesseits daher unmöglich ist, geht Karl tatsächlich ins Gefängnis und wird gerade dadurch frei: Er unterwirft sich in einem autonomen Akt der ‚Selbstjustiz‘ dem Sittengesetz. Einen seltsamen Beigeschmack bekommt diese Unterwerfungsgeste allerdings durch ihre Inszenierung aufgeprägt: Karl Moor inszeniert sein Selbstopfer großspurig als Akt, der ihn in die Nachfolge des Opfertods Christi stellt, noch in die „Gebärde der Demut nistet sich die wohlbekannte Selbstüberhebung ein“ (Sautermeister, S. 40). Und im Gegensatz zu einem Großteil der Forschung ist den anderen Räubern diese inszenatorische Dimension keineswegs entgangen: „Laßt ihn hinfahren! Es ist die Großmannssucht. Er will sein Leben an eitle Bewunderung setzen.“ (V, 2)

Ein kurzer Schluss zum langen Abschied

Eine Ironie in der Geschichte schriftstellerischer Selbstinszenierungen ist, dass *Die Räuber* gegen die Vorrede als Lesedrama praktisch ohne Resonanz blieben, das für die Bühne eingerichtete Trauerspiel hingegen eine erhebliche Durchschlagskraft entwickelte. Bei der Uraufführung herrschte im Zuschauerraum tatsächlich noch einmal Sturm und Drang, wie ein Augen- und Ohrenzeuge berichtet:

> Das Theater glich einem Irrenhaus, rollende Augen, geballte Fäuste, stampfende Füße, heisere Aufschreie im Zuschauerraum! Fremde Menschen fielen einander schluchzend in die Arme, Frauen wankten, einer Ohnmacht nahe, zur Türe. Es war eine allgemeine Auflösung, wie im Chaos, aus dessen Nebeln eine neue Schöpfung hervorbricht! (Zit. nach Sautermeister 2005, S. 8)

Auch wenn man diesen Bericht für übertrieben halten mag, bleibt der Befund, dass Schillers dramatisches Debüt für Furore sorgte. Eine Renaissance des Sturm und Drang-Theaters leitete dieser Erfolg allerdings nicht ein, vielmehr war es Schiller selbst, der den Sturm und Drang in seiner legendären Rezension *Über Bürgers Gedichte* endgültig verabschiedete. Dort wirft er dem prominenten Vertreter der nicht mehr aktuellen Bewegung und damit zugleich seinem eigenen, im Zeichen des Sturm und Drang stehenden Frühwerk fehlende Affektkontrolle und fehlende Distanz zum eigenen Stoff vor: Die „Herrschaft des Affekts", die „Begeisterung des Dichters", „sein Feuer", die „nahe Beziehung [des] Lieds auf seine eigne Lage", d.h. die emotionale Beteiligung des Dichters, sind ihm nun „Versündigungen gegen den guten Geschmack", die sich „nicht selten in die Grenzen des Wahnsinns verlier[en]". Auf den Punkt gebracht: Der Letzte macht das Licht aus.

Literatur

Gerhard **Oberlin**: „Wenn die Kultur ausartet": Die Mechanik des Bösen in Schillers „Räubern". In: Jahrbuch der Deutschen Schillergesellschaft 50 (2006), S. 107–133

Christoph **Jürgensen**/Gerhard **Kaiser** (Hrsg.): Kontroversen – Bündnisse – Imitationen: Geschichte und Typologie schriftstellerischer Inszenierungspraktiken. Heidelberg 2010

Serviceteil

Literatur

1. Siglenliste

BG: Gottfried August Bürger: Gedichte. Göttingen 1778

BSW: G. A. Bürgers sämmtliche Werke. Hrsg. Von Karl von Reinhard. Berlin 1824

DC 1774: Deutsche Chronik. Hrsg. von Christian Friedrich Daniel Schubart. Ulm 1774

DN: Deutsche Nationalliteratur. Band 49 und 50: Göttinger Dichterbund I–III. Hrsg. von August Sauer. Stuttgart, Berlin ca. 1894–1896

GG: Goethe Gedichte. Herausgegeben und kommentiert von Erich Trunz. München 1981

GH: Goethe-Handbuch in vier Bänden. Hrsg. von Bernd Witte. Stuttgart, Weimar 1996–1998

GMA 1774: Musen Almanach A MDCCLXXIV. Göttingen 1774

HA: Goethes Werke. Hamburger Ausgabe in 14 Bänden. Hrsg. von Erich Trunz. Fünfzehnte, durchgesehene Auflage. München 1993

HSW: Ludwig Christoph Heinrich Hölty: Sämtliche Werke. Band 1. Weimar 1914

HW: Johann Gottfried Herder: Werke in zehn Bänden. Hrsg. von Martin Bollacher u.a. Frankfurt a.M. 1985–2000

KO: Friedrich Gottlieb Klopstock: Oden. Band 1. Leipzig 1798

LdjW: Die Leiden des jungen Werthers. In der Fassung von 1774. Frankfurt a.M. 2008

LW: J.M.R. Lenz: Werke und Briefe in drei Bänden. Hrsg. und mit einem Essay versehen von Sigrid Damm. München, Wien 1987

2. Primärliteratur

Gottfried August Bürger: Sämtliche Werke. Hrsg. von Günter und Hiltrud Häntzschel. München, Wien 1987

Frankfurter gelehrte Anzeigen vom Jahr 1772. Neudruck. Hrsg. von Bernhard Seuffert. Heidelberg 1883

Heinrich Wilhelm von Gerstenberg: Briefe über Merkwürdigkeiten der Litteratur. Hrsg. von Heinrich Wilhelm Gerstenberg et. al. Drei Sammlungen und Fortsetzung in einem Band. Reprogr. Nachdruck der Ausgabe Schleswig und Leipzig 1766–67 und Hamburg und Bremen 1770. Hildesheim, New York 1971

Goethe und Werther. Briefe Goethe's, meistens aus seiner Jugendzeit, mit erläuternden Documenten. Hrsg. von A. Kestner. Stuttgart und Tübingen 1854 [Zit. als: Kestner]

Johann Christoph Gottsched: Ausgewählte Werke. Hrsg. von Joachim und Brigitte Birke. Bd. 6, Teil 1: Versuch Einer Critischen Dichtkunst. Erster Allgemeiner Theil. Berlin, New York 1973

Johann Gottfried Herder: Übers Erkennen und Empfinden in der menschlichen Seele, in: Herder und die Anthropologie der Aufklärung. Hrsg. von Wolfgang Pross. München, Wien 1987, S. 545–579

Friedrich Maximilian Klinger: Sturm und Drang. Ein Schauspiel. Mit einem Anhang zur Entstehungs- und Wirkungsgeschichte. Hrsg. von Jörg-Ulrich Fechner. Stuttgart 1970

–: Die Zwillinge. Stuttgart 1986

Friedrich Gottlieb Klopstock: Ausgewählte Werke. Hrsg. von Karl August Schleiden. München 1962

Johann Anton Leisewitz: Julius von Tarent. Stuttgart 1986

Gottlieb von Leon. Gedichte. Wien 1788

Sophie von LaRoche: Geschichte des Fräulein von Sternheims. Stuttgart 1986

J.-J. Rousseau: Diskurs über die Ungleichheit. Edition Meier. Stuttgart 2008

Friedrich Schiller: Die Räuber. Stuttgart 2001

Johann Peter Uz: Sämtliche poetische Werke, Stuttgart 1890

Edward Young: Gedanken über die Original-Werke. Aus dem Englischen von H.E. Teubern Faksimile-Druck nach der Ausgabe von 1760. Nachwort und Dokumentation zur Wirkungsgeschichte in Deutschland von Gerhard Sauder. Heidelberg 1977

Gotthold Ephraim Lessing: Werke. Hrsg. von Herbert G. Göpfert. Bd. 5: Literaturkritik, Poetik und Philologie. München 1973

3. Sekundärliteratur

Andree, Martin: Wenn Texte töten. Über Werther, Medienwirkung und Mediengewalt. München u.a. 2006

Anz, Thomas: Expressionismus, Sturm und Drang: zur Affinität literarischer Jugendbewegungen, in: Grenzgänge 2002, 101–112

Arnold, Heinz Ludwig (Hrsg.): Jakob Michael Reinhold Lenz. edition text + kritik. München 2000

Bertram, Georg: Philosophie des Sturm und Drang. Eine Konstitution der Moderne. München 2000

Blasberg, Cornelia: Ein ‚kopirendes Original': F.M. Klingers Trauerspiel ‚Die Zwillinge' zwischen Geniekult und Traditionsbindung, in: Jahrbuch der Deutschen Schillergesellschaft 38 (1994), S. 39–64

Bleibtreu, Carl: Marlowe, Grabbe und Lenz, in: Felix Rappaport (Hrsg.): Wiener Rundschau. 4. Jg., Wien 1900. Nachdruck der Ausgabe in: Wiener Rundschau. 4. Bd. Nendeln, Liechtenstein 1970, S. 429–432

Blödorn, Andreas: Lektüre als Fieberanfall – Empathie als Modell der (An-)Spannung. Mit einer neu gefassten ‚Diagnose' der *Leiden des jungen Werthers*, in: Ingo Irsigler/Christoph Jürgensen/Daniela Langer (Hrsg.): Zwischen Text und Leser. Studien zu Begriff, Geschichte und Funktion literarischer Spannung. München 2008, S. 165–188

Bourdieu, Pierre: Die Regeln der Kunst. Genese und Struktur des literarischen Feldes. Übersetzt von Bernd Schwibs und Achim Russer. Frankfurt a.M. 1999

Buschmeier, Matthias/Kauffmann, Kai: Einführung in die Literatur des Sturm und Drang und der Weimarer Klassik. Darmstadt 2009

Conrady, Karl Otto: Zur Bedeutung von Goethes Lyrik im Sturm und Drang, in: Walter Hinck (Hrsg.): Sturm und Drang. Frankfurt a.M. 1989, S. 97–116

el-Dandoush, Nagla: Leidenschaft und Vernunft im Drama des Sturm und Drang: dramatische als soziale Rollen. Würzburg 2004

Dieckmann, Friedrich: „Diesen Kuß der ganzen Welt!": Der junge Mann Schiller. Frankfurt a.M. (u.a.) 2005

Dörr, Volker C.: Johann Wolfgang Goethe: ‚Götz von Berlichingen mit der eisernen Hand. Ein Schauspiel' (1773), in: Günther Emig, Jürgen Staengele (Hrsg.): Erstlinge. Heilbronn 2004, S. 14–25

Fleck, Christina Juliane: Genie und Wahrheit: der Geniegedanke im Sturm und Drang. Marburg 2006

Fleig, Anne: Handlungs-Spiel-Räume. Dramen von Autorinnen im Theater des ausgehenden 18. Jahrhunderts. Würzburg 1999

Frank, Simon: Kunst-Konzepte des Sturm und Drang. München 2002

Friedrich, Hans-Edwin/Jannidis, Fotis/Willems, Marianne (Hrsg.): Bürgerlichkeit im 18. Jahrhundert. Tübingen 2006

Genette, Gérard: Paratexte. Das Buch vom Beiwerk des Buches. Frankfurt a.M. 1989

Gervinus, Georg Gottfried: Geschichte der poetischen National-Literatur der Deutschen. 4. Teil: Von Gottsched's Zeiten bis zu Göthe's Jugend. Zweite Auflage, Leipzig 1843

Grawe, Christian: Die Räuber. Erläuterungen und Dokumente. Stuttgart 2002

Herboth, Franziska: Satiren des Sturm und Drang. Innenansichten des literarischen Feldes zwischen 1770 und 1780. Hannover 2002

Hinderer, Walter: Von der Idee des Menschen. Über Friedrich Schiller. Würzburg 1998

Hinck, Walter (Hrsg.): Sturm und Drang. Ein literaturwissenschaftliches Studienbuch. Durchgesehene Auflage. Frankfurt a.M. 1989

Hoffmann, Volker: Negative Geniepoetik: Aspekte einer epochenübergreifenden variantenreichen Produktionsästhetik, in: Susanne Craemer u.a. (Hrsg.): Europäische Begegnungen. Beiträge zur Literaturwissenschaft, Sprache und Philosophie. Festschrift für Joseph Kohnen. Saint-Paul (Luxembourg) 2006, S. 167–178

Huyssen, Andreas: Drama des Sturm und Drang. Kommentar zu einer Epoche. München 1980

Jørgensen, Aage Sven u.a. (Hrsg.): Aufklärung, Sturm und Drang, frühe Klassik: 1740–1789. München 1990

Jürgensen, Christoph/Kaiser, Gerhard (Hrsg.): Kontroversen – Bündnisse – Imitationen. Geschichte und Typologie schriftstellerischer Inszenierungspraktiken. Heidelberg 2010

Kahl, Paul: Das Bundesbuch des Göttinger Hains: Edition, historische Untersuchung, Kommentar. Tübingen 2006

Kaiser, Gerhard: Aufklärung, Empfindsamkeit, Sturm und Drang. 6. erweiterte Auflage. Tübingen 2007

Karthaus, Ulrich: Sturm und Drang. Epoche – Werk – Wirkung. München 2000

– : Johann Anton Leisewitz, ‚Julius von Tarent', in: Interpretationen. Dramen des Sturm und Drang. Stuttgart 2007, S. 99–127

Kindermann, Heinz: Das Goethe-Bild des XX. Jahrhunderts. München, Wien 1952

Kircher, Erwin: Volkslied und Volkspoesie in der Sturm- und Drangzeit. Ein begriffsgeschichtlicher Versuch, in: Zeitschrift für deutsche Wortforschung 4 (1903), S. 1–57

Leidner, Alan C.: Schiller and the end of the Sturm und Drang, in: David Hill (Hrsg.): Literature of the Sturm und Drang Rochester 2003, S. 275–287

Luserke, Matthias: Sturm und Drang. Autoren – Texte – Themen. Stuttgart 1997

– : Der junge Goethe: „Ich weis nicht warum ich Narr soviel schreibe". Göttingen 1999

– : (Hrsg.): Goethe und Lenz: die Geschichte einer Entzweiung; eine Dokumentation. Frankfurt a.M. (u.a.) 2001

Luserke-Jaqui, Matthias: Friedrich Schiller. Tübingen 2005

– : J.M.R. Lenz: ‚Der Hofmeister'. ‚Der neue Menoza'. ‚Die Soldaten'. München 1993

Martin, Ariane: Sturm und Drang: Jugend als kulturelle Konstruktion, in: Der Deutschunterricht 60 (6/2008), S. 10–18

Martini, Fritz: Goethes „Götz von Berlichingen". Charakterdrama oder Gesellschaftsdrama, in: F. van Ingen (u.a.) (Hrsg.). Dichter und Leser. Studien zur Literatur. Groningen 1972, S. 28–46

Mayer, Hans: Die Vorreden zu den ‚Räubern', in: ders.: Versuche über Schiller. Frankfurt a.M. 1987, S. 72–94

Meier, Andreas (Hrsg.): Jakob Michael Reinhold Lenz. Vom Sturm und Drang zur Moderne. Heidelberg 2001

Mellmann, Katja: Das Buch als Freund – der Freund als Zeugnis. Zur Entstehung eines neuen Paradigmas für Literaturrezeption und persönliche Beziehungen, mit einer Hypothese zur Erstrezeption von Goethes ‚Werther', in: Hans-Edwin Friedrich u.a. (Hrsg.): Bürgerlichkeit im 18. Jahrhundert. Tübingen 2006, S. 201–241

Meyer-Benfey, Heinrich: Goethes ‚Götz von Berlichingen'. Weimar 1929

Nägele, Rainer (Hrsg.): Interpretationen: Dramen des Sturm und Drang. Stuttgart 2007

Neuhaus, Volker: Johann Wolfgang Goethe. Götz von Berlichingen. Erläuterungen und Dokumente. Erweiterte und bibliographisch ergänzte Ausgabe. Stuttgart 2003

Niggl, Günter: Ständebild und Ständekritik in Lenzens sozialen Dramen ‚Der Hofmeister' und ‚Die Soldaten', in: Stephan u.a. 2003, S. 145–153

Oberlin, Gerhard: ‚Wenn die Kultur ausartet': die Mechanik des Bösen in Schillers ‚Räubern', in: Jahrbuch der Deutschen Schillergesellschaft 50 (2006), S. 107–133

Plachta, Bodo/Woesler, Winfried (Hrsg.): Sturm und Drang: geistiger Aufbruch 1770–1790 im Spiegel der Literatur. Tübingen 1997

Poitzsch, Manfred A. : Zeitgenössische Persiflagen auf C.M. Wieland und seine Schriften. Bern, Frankfurt a.M. 1972

Rothmann, Kurt: Johann Wolfgang Goethe. ‚Die Leiden des jungen Werther'. Erläuterungen und Dokumente. Stuttgart 2000

Safranski, Rüdiger: Schiller oder die Erfindung des Deutschen Idealismus. München, Wien 2004

Sauder, Gerhard: Die deutsche Literatur des Sturm und Drang, in: Neues Handbuch der Literaturwissenschaft. Bd. 12. Europäische Aufklärung (II. Teil). Hrsg. von Heinz-Joachim Müllenbrock. Wiesbaden 1984, S. 327–378

Sautermeister, Gert: Das psychosoziale Geheimnis der ‚naturmagischen Ballade': Eros und Gesellschaft in Texten von Bürger bis Heine, in: Klaus Garber/H. Gustav Klaus (Hrsg.) Die Wunde der Geschichte: Aufsätze zur Literatur und Ästhetik. Festschrift für Thomas Metscher zum 65. Geburtstag. Köln u.a. 1999, S. 57–80

– : Art.: Die Räuber. Ein Schauspiel (1781), in: Schiller-Handbuch. Leben – Werk – Wirkung. Hrsg. von Matthias Luserke-Jaqui unter Mitarbeit von Grit Dommes. Stuttgart 2005, S. 1–45

Schmidt, Jochen: Die Geschichte des Genie-Gedankens in der deutschen Literatur, Philosophie und Politik: 1750–1945. Heidelberg 2004

Scholz, Rüdiger: Eine längst fällige historisch-kritische Gesamtausgabe: J.M.R. Lenz, in: Jahrbuch der Deutschen Schillergesellschaft 34 (1990), S. 195–229

Stephan, Inge u.a. (Hrsg.): ‚Die Wunde Lenz'. J.M.R: Lenz. Leben, Werk und Rezeption. Bern 2003

Thomé, Horst: Tätigkeit und Reflexion in Goethes „Prometheus". Umrisse einer Interpretation, in: Karl Richter (Hrsg.): Gedichte und Interpretationen. Bd. 2.: Aufklärung und Sturm und Drang. Stuttgart 1983, S. 427–435

Titzmann, Michael: Vom ‚Sturm und Drang' zur ‚Klassik': ‚Grenzen der Menschheit' und ‚Das Göttliche'. Lyrik als Schnittpunkt der Diskurse, in: Jahrbuch der Deutschen Schillergesellschaft 42 (1998), S. 42–63

Unglaub, Erich: „Das mit den Fingern deutende Publikum": das Bild des Dichters J.M.R. Lenz in der literarischen Öffentlichkeit 1770–1814. Frankfurt a.M., Bern 1983

Volke, Werner: Nachhall. Friedrich Schiller, in: Sturm und Drang. [Katalog zur Ausstellung im Freien Deutschen Hochstift und im Frankfurter Goethe-Museum 1988] Hrsg. von Christoph Perels. Frankfurt a.M. 1998, S. 293–295

Wenzel, Stefanie: Das Motiv der feindlichen Brüder im Drama des Sturm und Drang. Frankfurt a.M. (u.a.) 1993

Wiese, Benno von: Deutsche Dichter des 18. Jahrhunderts. Berlin 1977

Wiethölter, Waltraud (Hrsg.): Der junge Goethe. Genese und Konstruktion einer Autorschaft. Tübingen (u.a.) 2001

Willems, Marianne: Das Problem der Individualität als Herausforderung an die Semantik im Sturm und Drang. Tübingen 1995

Wilke, Jürgen: Vom Sturm und Drang bis zur Romantik, in: Walter Hinderer (Hrsg.): Geschichte der politischen Lyrik in Deutschland. Würzburg 2007, S. 151–190

Winter, Hans-Gerd: Jakob Michael Reinhold Lenz. 2., überarb. und aktualisierte Auflage. Stuttgart, Weimar 2000

Wirth, Uwe: Die Geburt des Autors aus dem Geist der Herausgeberfiktion: editoriale Rahmung im Roman um 1800: Wieland, Goethe, Brentano, Jean Paul und E.T.A. Hoffmann. München 2008

Woesler, Winfried: Rechts- und Staatsauffassungen in Goethes ‚Götz von Berlichingen', in: Plachta/Woesler 1997, S. 105–120

Wünsch, Marianne: Maifest im literatur- und denkgeschichtlichen Kontext der frühen Lyrik Goethes, in: Gerhard Sauder (Hrsg.): Goethe-Gedichte. Zweiunddreißig Interpretationen. München und Wien 1996. S. 13–24

– : Der Strukturwandel in der Lyrik Goethes. Die systemimmanente Relation der Kategorien ‚Literatur‘ und ‚Realität‘: Probleme und Lösungen. Stuttgart u.a. 1975

Wuthenow, Ralph-Rainer: Rousseau im „Sturm und Drang“, In: Hinck 1989, S. 14–54

Wenn Sie weiterlesen möchten ...

Dirk van Laak (Hg.)

Literatur, die Geschichte schrieb

Listen bedeutsamer Literatur gibt es genug. Diesem Buch liegt eine andere und neue Perspektive zu Grunde: Welche literarischen Werke haben konkrete Veränderungen in Politik, Gesellschaft oder Kultur bewirkt? Welche Romane, Dramen oder Gedichte haben Diskussionen angestoßen und den Gang der Geschichte beeinflusst? Wie stehen Literatur und Geschichte überhaupt zueinander? In 18 Beiträgen werden Romane, Dramen oder Gedichte porträtiert, die zu politischen, sozialen, rechtlichen oder kulturellen Veränderungen führten und dadurch zu Literatur wurden, die Geschichte schrieb.

Stefan Neuhaus / Johann Holzner (Hg.)

Literatur als Skandal

Fälle – Funktionen – Folgen

Die Geschichte der Literatur ist auch eine Geschichte ihrer Skandale. Die Zahl der betroffenen Autoren ist groß, sie reicht von Gottfried von Straßburg bis Martin Walser oder Vladimir Sorokin. Es gibt eine Vielzahl von Mechanismen, die ineinandergreifen, um einen literarischen Text zu einem Skandal werden zu lassen. Im vorliegenden Band werden exemplarische Skandale der Weltliteratur nachgezeichnet, dabei wird auch nach den juristischen, den sozialen, den wirtschaftlichen, den politischen Rahmenbedingungen gefragt und die Funktion des Skandals für seine Initiatoren oder andere »Nutznießer« in den Blick genommen.

Gerhard Kurz

Metapher, Allegorie, Symbol

Gerhard Kurz hat den seit 1982 vielfach bewährten Standardband vollständig durchgesehen und das Literaturverzeichnis aktualisiert. Die Analysen und Begriffsbestimmungen zu drei zentralen literaturwissenschaftlichen Termini werden im ständigen Rekurs auf tradierte Verwendungen erklärt und bieten zahlreiche Beispiele aus der deutschen, englischen und französischen Literatur. Besonders praktikabel wird der Band aufgrund der Überzeugung des Autors, dass hermeneutische Begriffe nicht ein für alle Mal definierbar sind, sondern stets aufs Neue der intersubjektiven Verständigung bedürfen. Hierfür bietet er die unverzichtbare Grundlage.

Stephan Resch

Rauschblüten

Literatur und Drogen von Anders bis Zuckmayer

Über 50 repräsentative Literaturauszüge – von der Romantik bis zur Gegenwart – bieten dem Leser einen Einblick in die Welt des Rausches und der Sucht, in künstliche Paradiese und Höllen. Sie dokumentieren die Sehnsucht nach Erkenntnis und nach anderen Welten, ebenso wie unfreiwillige Komik und Verfall. Die Texte sind zugleich spannendes Zeugnis der Versuche, Erlebnisse und Einsichten des Rausches hinüber zu retten in die Welt des Sagbaren. Ob in Romanen, Tagebüchern, Gedichten oder dramatischen Werken – dort wo Drogen ihre Spur hinterlassen haben setzt diese Anthologie an. Bekannte Autoren kommen dabei ebenso zu Wort wie solche, die die Literaturkritik vergessen hat oder übersieht. Und weil nicht allein die Droge auf den Menschen wirkt, sondern dieser auf die Droge, wird jedem Auszug ein Kommentar vorausgeschickt, der den biographischen wie literarischen Zusammenhang erhellt.

Rainer M. Holm-Hadulla

Leidenschaft: Goethes Weg zur Kreativität

Eine Psychobiographie

»Poetry therapy« liegt im Trend. So neu ist die Idee nicht, wie dieses Buch zeigt: Schon Johann Wolfgang von Goethe therapierte sich selbst durch das Schreiben.

»Rainer M. Holm-Hadulla hat mit der vorliegenden Psychobiografie ein interessantes, äußerst lesenswertes und allgemeinverständliches, auf den Erkenntnissen der modernen Psychologie basierendes Buch über den großen deutschen Dichter geschrieben, das durchaus allgemeingültige Aussagekraft besitzt.« *Heike Geilen, literaturnetz.com*